Manfred Schmid

250 000 Jahre Cannstatter Geschichte

mit Beiträgen von
Michael Bott, Rüdiger Krause und Eberhard Wagner

Klett-Cotta

Herausgeber: Landeshauptstadt Stuttgart/
Stadtarchiv in Verbindung mit dem
Presse- und Informationsamt
Text: Dr. Manfred Schmid
unter Mitarbeit von
Michael Bott, Dr. Rüdiger Krause,
Dr. Eberhard Wagner
Gestaltung: Uli Kreh

CIP-Titelaufnahme der Deutschen Bibliothek
Schmid, Manfred:
250 000 [Zweihundertfünfzigtausend] Jahre
Cannstatter Geschichte/Manfred Schmid.
Mit Beitr. von Michael Bott…
[Hrsg.: Landeshauptstadt Stuttgart, Stadtarchiv
in Verbindung mit d. Presse- u. Informationsamt]. –
Stuttgart: Klett Cotta, 2003, 5. Auflage
ISBN 3-608-91579-6
Veröffentlichungen des Archivs…

Kommissionsverlag:
Ernst Klett Verlag GmbH u. Co. KG, Stuttgart
Gesamtherstellung der Offizin Chr. Scheufele, Stuttgart

Inhalt

I Einleitung

1 Cannstatter Ansichten

Der Stuttgarter kennt nichts Höheres als Cannstatt. Dorthin rettet er sich vor afrikanischer Hitze, die Sommers in seinem heimathlichen Thalkessel brodelt. Dorthin entläuft er den Sorgen und Mühen des Geschäftslebens und dorthin wendet er sich, wenn er geistig oder körperlich aufathmen will.

(Heinrich Ebner 1868)

Cannstatt ist durch Jahrhunderte der führende, der ausstrahlende Platz. Stuttgart ist in seinen Anfängen nichts, als ein Reflex auf Cannstatt. Hier, im Zentrum, können wir seit dreitausend und mehr Jahren mit aller gebotenen Deutlichkeit Schicht auf Schicht, Kultur auf Kultur, Bevölkerung auf Bevölkerung feststellen. Im Stuttgarter Kessel gibt es für lange Jahrhunderte nur ein paar Streufunde, zufällige Nachrichten, Streiflichter, die eigentlich nur mit Cannstatt zusammengesehen Sinn erhalten.

(Hansmartin Decker-Hauff 1966)

Ein Geständnis gleich vorweg: Ich bin in Cannstatt geboren und lebe in Stuttgart, also in der Emigration.

(Thaddäus Troll 1979)

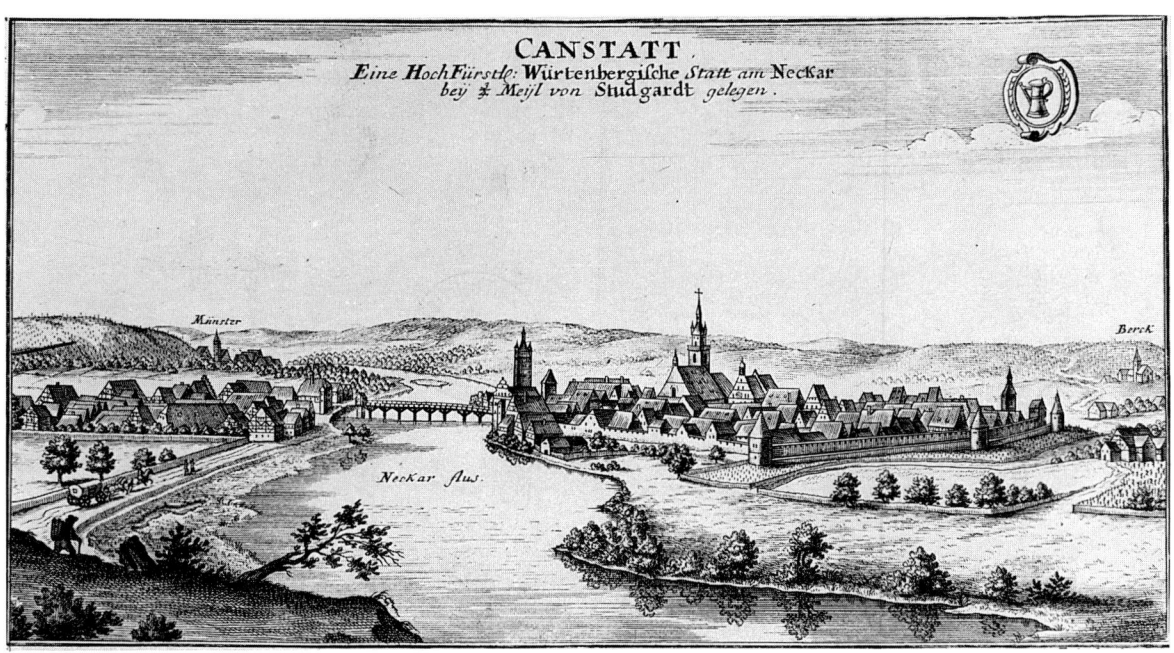

Stadtansicht von Cannstatt (Merian 1643)

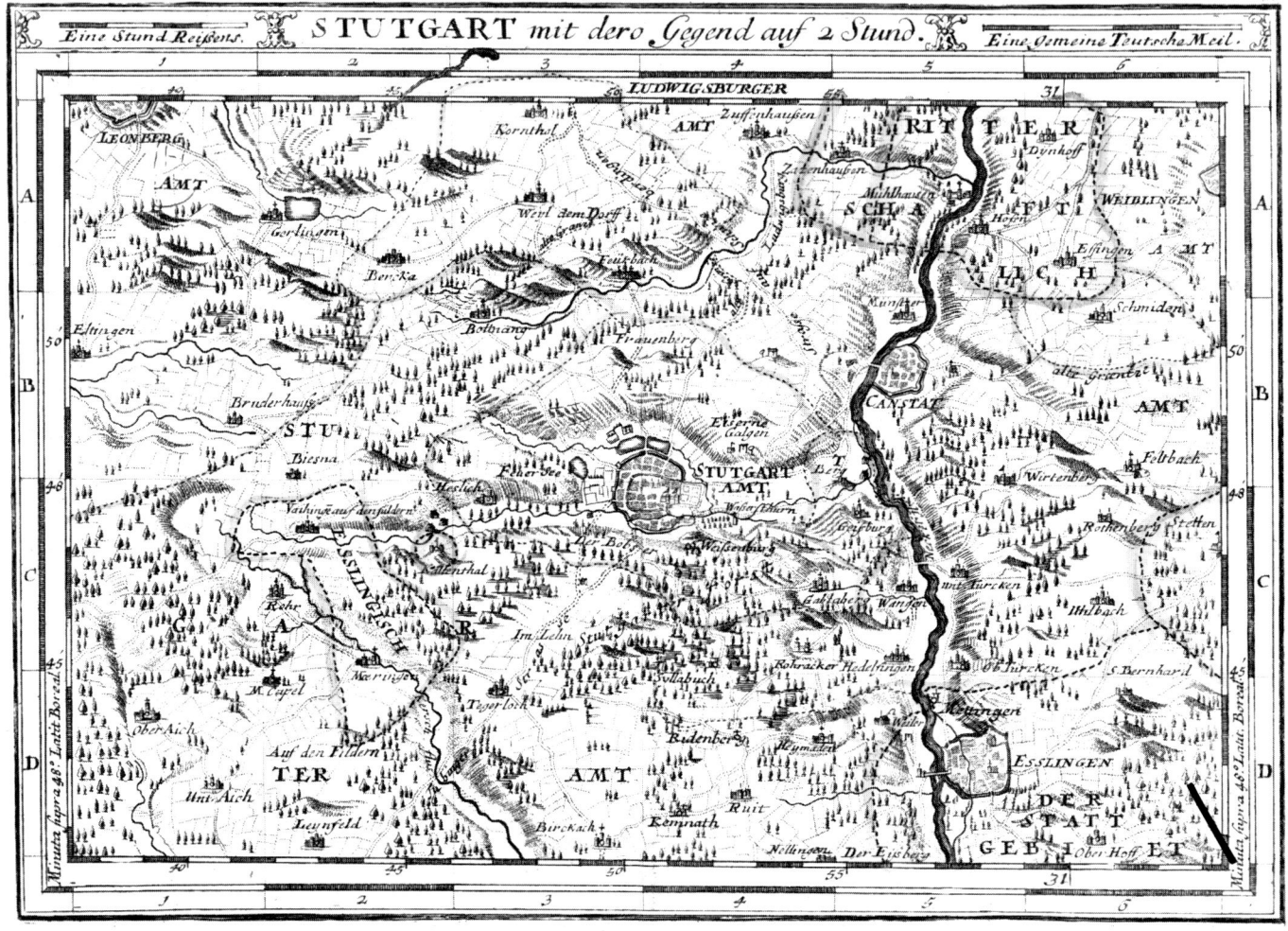

Karte von Stuttgart und Umgebung (um 1725)

2 Cannstatter Zeittafel

Cannstatt, der geschichtlich älteste und größte Teil des heutigen Stuttgarter Stadtgebiets, ist seit vorgeschichtlicher Zeit ein Zentrum menschlicher Ansiedlung gewesen, wie zahlreiche bedeutende Funde von der Altsteinzeit (ca. 350000 v. Chr.) bis zu den Römern bezeugen.

ca. 85/90 n. Chr. Die Römer errichten am linken Neckarufer, Auf der Steig, ein Kastell. Cannstatt wird Stabsquartier einer Reitereinheit, Mittelpunkt der römischen Militärverwaltung für die Neckarfront sowie wichtiger Straßenverkehrsknotenpunkt (bis ca. 155 n. Chr.)

ca. 650 Bau der Martinskirche beim ehemaligen Römerkastell (Mutterkirche fast des ganzen heutigen Stuttgarter Stadtkreises)

ca. 700 Erste schriftliche Nennung Cannstatts in einer Schenkungsurkunde des Klosters St. Gallen.

1330 Kaiser Ludwig der Bayer bestätigt Cannstatt die Stadtrechte

1393 Verleihung der Marktgerechtigkeit

1471 Die Stadtkirche wird auf dem Platz einer älteren Vorgängerin erbaut

1506 teren Vorgängerin erbaut

1491 Bau des Rathauses

1669 Der Philosoph Gottfried Wilhelm Leibniz schlägt in einem Gutachten vor, die Stuttgarter Residenz und die Tübinger Universität nach Cannstatt zu verlegen und Cannstatt zur neuen Hauptstadt des Herzogtums Württemberg zu machen

1796 Schlacht in Cannstatt an der alten Wilhelmsbrücke zwischen Franzosen und Österreicher

1818 Stiftung des Cannstatter Volksfestes durch König Wilhelm I. und Königin Katharina

1825 Baubeginn des großen Kursaals durch Nikolaus von Thouret (Fertigstellung 1841)

1829 Jakob von Heine gründet die erste Heilanstalt (Orthopädie) in Cannstatt

1837 Albert von Veiel gründet die Heilanstalt für Flechtenkranke, die erste Hautklinik in Deutschland

1840 Einweihung des Wilhelma-Theaters

1845 Erste Eisenbahn in Württemberg fährt zwischen Cannstatt und Untertürkheim

1876 Der Dichter Ferdinand Freiligrath stirbt in Cannstatt (Grab auf dem Uffkirchhof)
Einweihung der Synagoge in der König-Karl-Straße (1938 in der »Reichskristallnacht« niedergebrannt)

1882 Gottlieb Daimler läßt sich in Cannstatt, das damit zur »Wiege des Automobils« wird, nieder

1905 Vereinigung von Cannstatt, Wangen und Untertürkheim mit Stuttgart

Gutachten von G. W. Leibniz (S. 1)

Wilhelma-Theater (um 1845)

3 Cannstatter Stadtwappen

Seit dem 15. Jahrhundert führt Cannstatt als »redende« Wappenfigur eine Kanne im Stadtwappen. Das bedeutet, daß diese Wappenfigur gewählt worden ist, weil ihre Bezeichnung gleich klingt wie die erste Silbe des Ortsnamens. Der Ursprung dieses Namens kann allerdings bis heute nicht befriedigend erklärt werden. Seit der Vereinigung mit Stuttgart im Jahre 1905 ist das Cannstatter Wappen als amtliches Bildkennzeichen erloschen.

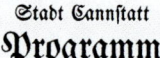

Stadt Cannstatt

Programm

für die Festlichkeiten zur Feier des 25jährigen Regierungs-Jubiläums Seiner Majestät des Königs.

1. Samstag, den 22. Juni 1889, abends 7 Uhr,

unter Mitwirkung sämtlicher hiesiger Gesangvereine

1) Feier im Kursaal zum Jubiläum Sr. Majestät des Königs: Festrede.
2) Daselbst Weihe der von Herrn Privatier E. E. Pfeiffer zum Jubiläum gestifteten Stadtfahne.
3) Italienische Nacht, elektrische und bengalische Beleuchtung des Kursaals und der Sulzerrainanlagen.

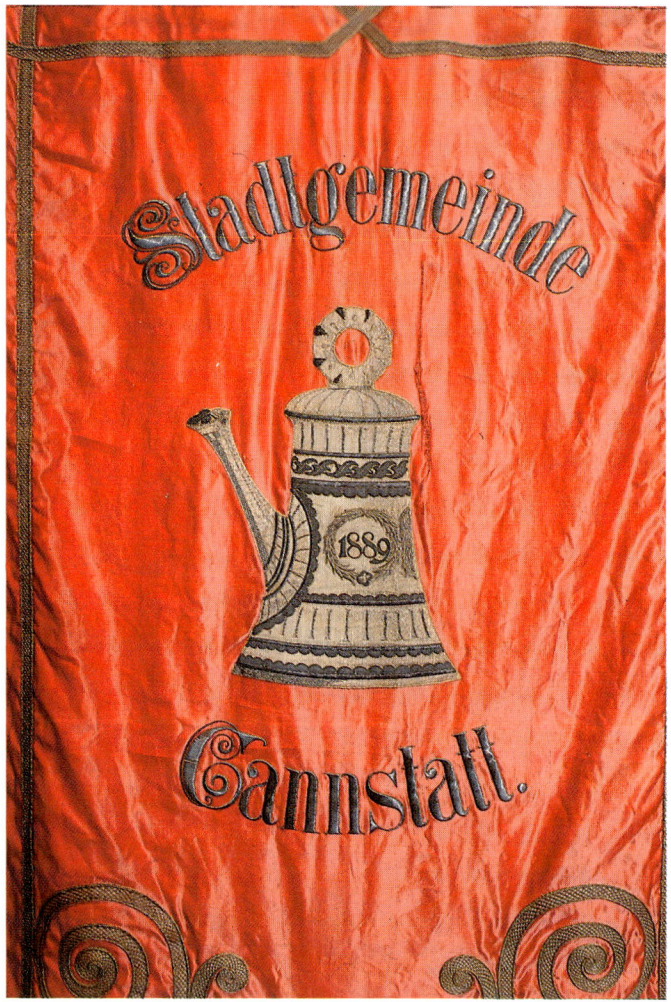

Stadtfahne: Stiftung von Ernst Ezechiel Pfeiffer, Ehrenbürger von Cannstatt, zum 25jährigen Regierungsjubiläum von König Karl 1889

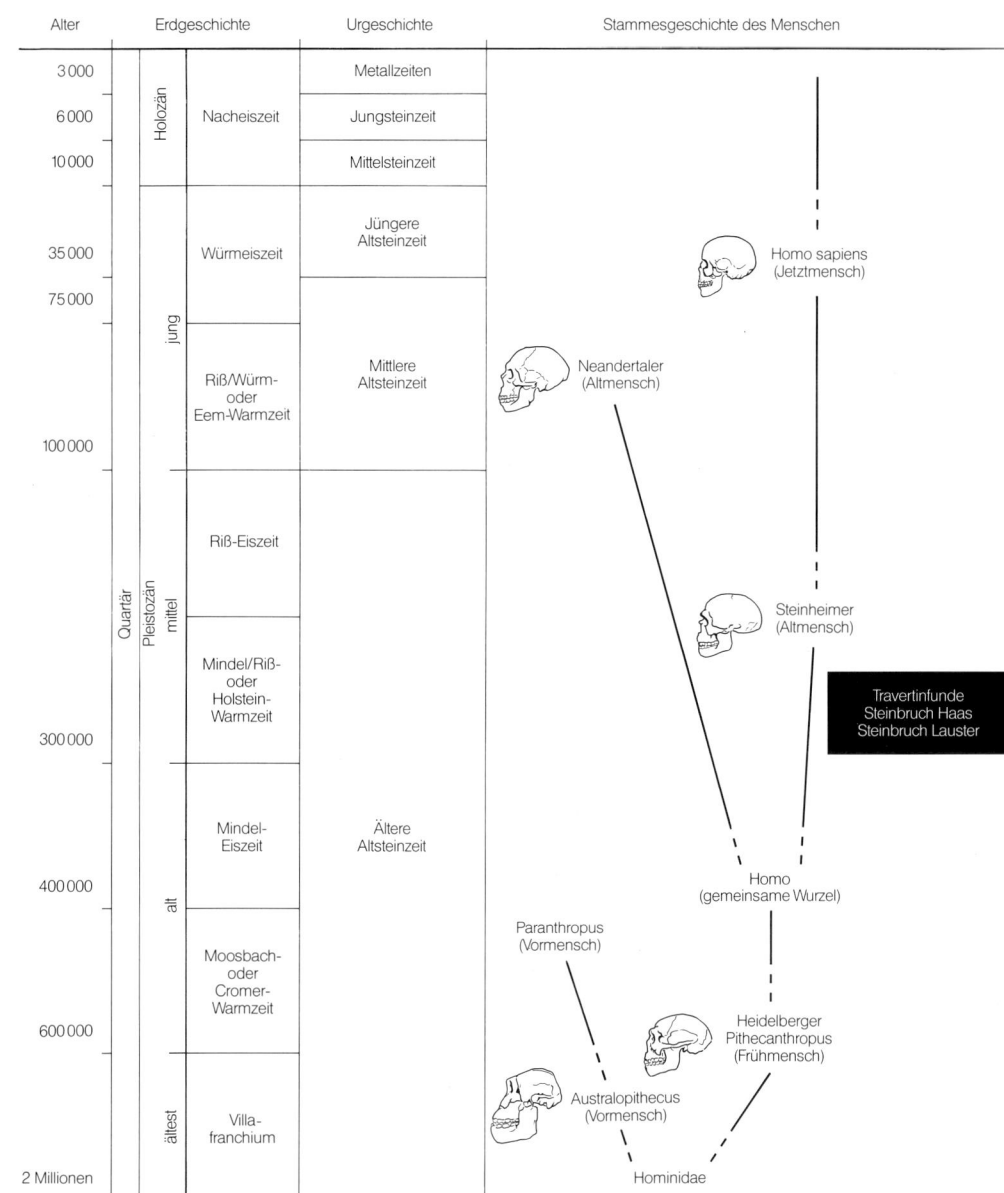

Alter	Erdgeschichte		Urgeschichte	Stammesgeschichte des Menschen
3 000	Holozän	Nacheiszeit	Metallzeiten	
6 000			Jungsteinzeit	
10 000			Mittelsteinzeit	
35 000		Würmeiszeit	Jüngere Altsteinzeit	
75 000				
100 000	jung	Riß/Würm- oder Eem-Warmzeit	Mittlere Altsteinzeit	
	mittel	Riß-Eiszeit		
300 000		Mindel/Riß- oder Holstein- Warmzeit		
400 000		Mindel- Eiszeit	Ältere Altsteinzeit	
600 000	alt	Moosbach- oder Cromer- Warmzeit		
2 Millionen	ältest	Villa- franchium		

Pleistozän · Quartär

Homo sapiens (Jetztmensch)

Neandertaler (Altmensch)

Steinheimer (Altmensch)

Travertinfunde Steinbruch Haas Steinbruch Lauster

Homo (gemeinsame Wurzel)

Paranthropus (Vormensch)

Heidelberger Pithecanthropus (Frühmensch)

Australopithecus (Vormensch)

Hominidae

Stammbaum des Menschen

Wissenschaftlicher Entwurf:
Dr. Eberhard Wagner
Grafische Gestaltung:
Jürgen Hanke

11

1 Der Mensch im Eiszeitalter

Die Anfänge der menschlichen Stammesgeschichte liegen auf dem afrikanischen Kontinent. Von dort sind in weiter Verbreitung die noch als Vormenschen zu bezeichnenden Vertreter der Unterfamilie Australopithecinae bekannt geworden. Australopithecus gehört noch nicht in die direkte Vorfahrenreihe des Menschen sondern führt zu der ausgestorbenen Endform Paranthropus.

Daneben existieren aber bereits Frühmenschen der Unterfamilie Homininae. Ihre bekanntesten Vertreter mit der Bezeichnung Pithecanthropus sind durch zahlreiche Skeletteile aus dem Inneren Javas und von Choukoutien bei Peking bekannt geworden. Der bisher älteste Fund eines Frühmenschen aus Europa ist der Heidelberger Unterkiefer. Er wurde aus den 600 000 Jahre alten und in das altpleistozäne Mosbachium datierten Sanden eines alten Neckarlaufes geborgen.

Aus fortschrittlichen Formen dieser Frühmenschen heraus vollzog sich der Schritt zur Gattung Homo, die in unserem Land durch den Schädel des Homo steinheimensis repräsentiert ist. Der Schädel dieses Altmenschen ist aus den 300 000 Jahre alten und in die Holstein-Warmzeit datierten Schottern der unteren Murr geborgen worden. Diese Altmenschenform vereinigt in sich Merkmale, die erheblich vom viel älteren und urtümlicheren Pithecanthropus abweichen, andererseits aber dem modernen Menschen näher stehen, als dem viel jüngeren Neandertaler. Dies bedeutet, daß schon zur Zeit des Homo steinheimensis zwei Menschenformen vorhanden gewesen sein müssen, von denen die eine zur Form des Neandertalers, die andere über den Steinheimer zum Homo sapiens führte. Demnach ist der Neandertaler als Endzweig einer ausgestorbenen Sonderentwicklung zu betrachten, die nicht in die Vorfahrenreihe des heutigen Menschen gehört.

Der »Cannstatter Urmensch« muß etwa zeitgleich mit dem Steinheimer angesetzt werden, wobei aber – mangels Funden – über seine Stellung in der menschlichen Stammesentwicklung nichts ausgesagt werden kann.

2 Der Cannstatter Travertin: Eine urgeschichtliche Fundstätte

Das Hauptverbreitungsgebiet des Travertin liegt im Neckartal bei Bad Cannstatt. Seine Entstehung ist in engem Zusammenhang mit den Mineralwässern zu sehen, die entlang einer Verwerfungszone bei Bad Cannstatt und Münster im Neckartal zutage treten. Das Einzugsgebiet dieser Mineralwässer liegt etwa 25 km westlich von Stuttgart im Strohgäu. Dort versickert das Niederschlagswasser im stark verkarsteten Oberen Muschelkalk und wandert im Mittleren Muschelkalk mit dem allgemeinen südwestdeutschen Schichtenfallen nach Südosten. Auf ihrem Weg nehmen die Wässer hauptsächlich Kalziumbikarbonat auf. Das hierzu notwendige Kohlendioxid siedet aus einem noch schwach aktiven Magmaherd im Untergrund aus. Bei Austritt der Mineralwässer im Neckartal entweicht unter Druckentlastung Kohlendioxid und Kalziumkarbonat wird als Travertin ausgeschieden. Dieses Mineralwassersystem – übrigens eines der großartigsten Europas – funktionierte immer nur während Warmzeiten. Während der Eiszeiten versiegte der Zufluß wegen des dauernd zugefrorenen Bodens im Einzugsgebiet. Auf diese Weise wurden während des Quartärs mehrere Travertinkomplexe abgelagert, die verschieden alten eiszeitlichen Neckarterrassenschottern zugeordnet werden können.

Von den einst zahlreichen Travertinbrüchen im Stuttgarter Raum sind heute nur noch die beiden Brüche Haas und Lauster an der linksufrigen Neckarhalde in Bad Cannstatt in Betrieb. Nach Höhenlage und Mächtigkeit der sie unterlagernden Neckarschotter, die einer Klimaverschlechterung zugeordnet werden, und nach einer Nashornart, Dicerorhinus hemitoechus, wird der Travertin in den Brüchen Haas und Lauster in eine jüngere Abteilung des Mindel-Riß-Interglazial gestellt.

Der fortschreitende Travertinabbau ist Voraussetzung für die Entdeckung paläontologischer und archäologischer Funde. Die Travertinbrüche zählen seit Jahrzehnten zu den weithin bekannten Fossilfundstätten des Landes. Mit diesen Funden können wichtige Fragen des früheren klimatischen Geschehens während des Eiszeitalters und die zeitliche Stellung der Travertine oder Sauerwasserkalke geklärt werden. Dabei kommt den Cannstatter Travertinen nicht nur lokale Bedeutung zu, vielmehr gibt es kaum ein vergleichbares Vorkommen, das einen derart detaillierten Einblick in die erd- und lebensgeschichtlichen Verhältnisse während des Eiszeitalters bis hin zur Gegenwart zu geben vermöchte.

Die reichen Funde in den Travertinen sind darauf zurückzuführen, daß die Mineralquellen in ihrem Bildungsbereich zu allen Zeiten ein Anziehungspunkt für Mensch und Tier waren. Die Fundlager in den Travertinen sind alte Landoberflächen, in die die Funde einst eingebettet wurden und so der Erosion entgangen sind. Ähnliche, aber jüngere Travertinfundstellen befinden sich im Tal der Ilm bei Taubach, Weimar und Ehringsdorf in Thüringen. Eine reiche und mit Cannstatt etwa zeitgleiche Travertinfundstelle ist Bilzingsleben, ebenfalls in Thüringen.

Travertinabbau im Steinbruch Haas

Im oberen Drittel des Steinbruches Lauster wurden mehrere Panzer der Europäischen Sumpfschildkröte (Emys orbicularis) gefunden. Die Sumpfschildkröte ist nur fortpflanzungsfähig, wenn die Durchschnittstemperatur im Juli mindestens 20°C beträgt. Die Temperatur lag während der Bildungszeit des Travertines im Mittel um 3°C höher als heute.

3 Auf den Spuren eiszeitlicher Menschen

Fossilfunde und Zeugnisse urmenschlichen Lebens im Neckarland sind seit Jahrzehnten bekannt und beschrieben. Zu nennen ist insbesondere der im Jahr 1907 bei Mauer in den Neckarschottern der altpleistozänen Mosbach-Warmzeit (vor ca. 600 000 Jahren) gefundene Unterkiefer eines Frühmenschen (Heidelberger Mensch). In die Holstein-Warmzeit (vor ca. 250 000 Jahren) einzuordnen ist der Schädel des Steinheimer Urmenschen, der im Jahre 1933 bei Steinheim aus den Schottern der unteren Murr geborgen wurde. Etwa zeitgleich mit ihm sind die reichen Funde und die Reste der damaligen Tierwelt, die seit 1980 systematisch von der archäologischen Denkmalpflege im Cannstatter Travertingebiet ergraben werden. Noch in die Eem-Warmzeit (vor ca. 100 000 Jahren) zu datieren sind die mittelpaläolithischen Funde, die in den Jahren 1928 bis 1939 aus dem Travertin des ehemaligen Steinbruches Biedermann in Untertürkheim ausgegraben wurden. Endlich sind die zu Bad Cannstatt bei der Uffkirche bereits im Jahre 1700 und in der Leimengrube am Seelberg im Jahre 1816 auf Veranlassung von König Friedrich im Löß ergrabenen Anhäufungen von Mammutstoßzähnen als Hinweise auf Lagerplätze Würm-eiszeitlicher Mammutjäger (vor ca. 35 000 Jahren) zu deuten. Weiterhin stieß man im Jahre 1859 beim Bau der Remstalbahn in der Winterhalde auf Wagenladungen von Knochen eiszeitlicher Tiere wie Mammut, Fellnashorn, Wildpferd, Steppenbison, Riesenhirsch und Höhlenbär, dazu Stücke von Holzkohle und aus Feuerstein geschlagene Artefakte. Dies alles bezeugt eindrucksvoll die wiederholte Anwesenheit des eiszeitlichen Menschen im Cannstatter Neckartal zwischen Untertürkheim und Münster.

Die Bedeutung der Cannstatter und der benachbarten Untertürkheimer Gemarkung, die sich in diesem Fundreichtum widerspiegelt, ist zum einen bedingt durch die von Generationen getragenen Forschungen in der Nähe der Landeshauptstadt, zum anderen war das weite, wildreiche Cannstatter Neckartal mit seinen warmen Quellen sicherlich zu allen Zeiten ein bevorzugtes Jagdrevier vorzeitlicher Wildbeuter, Jäger und Sammler.

Cannstatter Opfer

Zu den spektakulärsten Folgeerscheinungen der Cannstatter Ausgrabungen im Herbst 1816 am Seelberg gehörte der damit verbundene Tod des württembergischen Königs Friedrich I. (1754–1816). Der an erdgeschichtlichen und naturkundlichen Dingen interessierte König war am 23. Oktober 1816 nach Cannstatt gefahren, um die fossilen Mammutknochen persönlich in Augenschein zu nehmen. Dabei erkältete er sich in der kalt-feuchten Witterung und starb wenige Tage darauf.

Württemberg Stuttgart, den 30 Oktober 1816 In der Nacht vom 29 auf den 30 diß gegen 2 Uhr verschied nach einem kurzen Krankenlager an den Folgen eines heftigen KatarrFiebers Seine Majestät König Friderich von Württemberg, souverainer Herzog in Schwaben und von Teck etc. und versetzte dadurch die Königliche Familie und das ganze Königreich in die tiefste Trauer. Seine Majestät war am 6 November 1754 geboren, gelangte am 23 December 1797 zur Regierung, erhielt am 27 April 1803 die ChurWürde, und nahm am 1 Januar 1806 die Königliche Würde an. Des bisherigen KronPrinzen Wilhelm Königliche Hoheit trat die Regierung des Königreichs an. Stuttgart, den 30 Oktober 1816 Ihre Majestät Unsere jetzt regierende Königin ist heute Mittag um halb Ein Uhr von einer Prinzessin zur größten Freude der Königlichen Familie und des ganzen Königreichs glücklich entbunden worden.
Schwäbische Chronik vom 31.10.1816

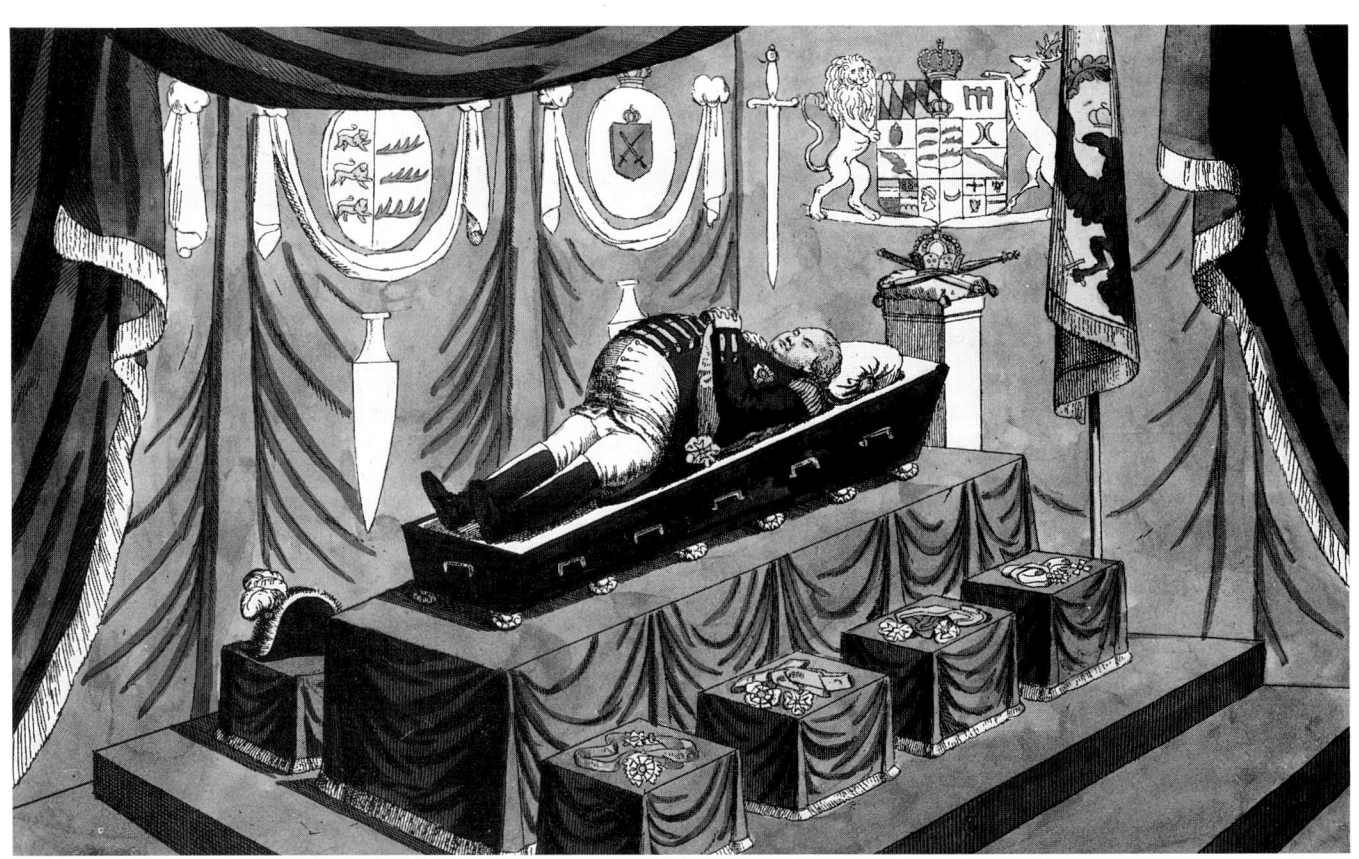

König Friedrich I. auf dem Totenbett

4 Cannstatter Lager- und Schlachtplatz

Der Bau der Rauchgaswaschanlage (1986) für das Kraftwerk Münster ergab neue Einblicke in die urgeschichtlichen Verhältnisse im Travertin der linksufrigen Neckarhalde. In einem Lehmhorizont im oberen Bereich des Travertins konnten auf einem einzigen Quadratmeter hundert Geröllgeräte zusammen mit Skelett- und Gebißresten von Nashorn, Bison, Auerochse, Rothirsch, Riesenhirsch, Wildpferd, Bär, Dachs und Biber gefunden werden. Die einzelnen Skelettreste zeigen deutliche Merkmale des Schlacht- und Zerlegungsvorganges. Eine ausgesprochene Besonderheit ist dazuhin das Vorliegen einer reinen Geröllgerätekultur, wobei ausschließlich Muschelkalk, Jurakalk und Liassandstein verwendet wurden, ein Befund, der in der Bundesrepublik Deutschland einmalig ist. Die dichte Streuung der Funde deutet somit auf einen Lager- und Schlachtplatz des »Cannstatter Urmenschen« hin.

Die Planzeichnung zeigt anschaulich die Dichte der Fundstreuung. Dieser Platz ist also kein Jagdplatz, an dem Tiere getötet wurden, sondern ein Lagerplatz, zu dem die Jagdbeute hingeschleppt und verzehrt wurde. Diesen Lagerplatz muß man sich auf einer ebenen, weithin offenen und bewuchslosen Fläche, nur wenig über der Talaue des Neckars gelegen, vorstellen.

5 Der Cannstatter Waldelefant

Nach dem vergleichsweise häufigen Vorkommen von Gebiß- und Skelettresten im Holstein-zeitlichen Travertin (vor ca. 250 000 Jahren) muß der Waldelefant zu dieser Zeit ein Charaktertier des Cannstatter Neckartales

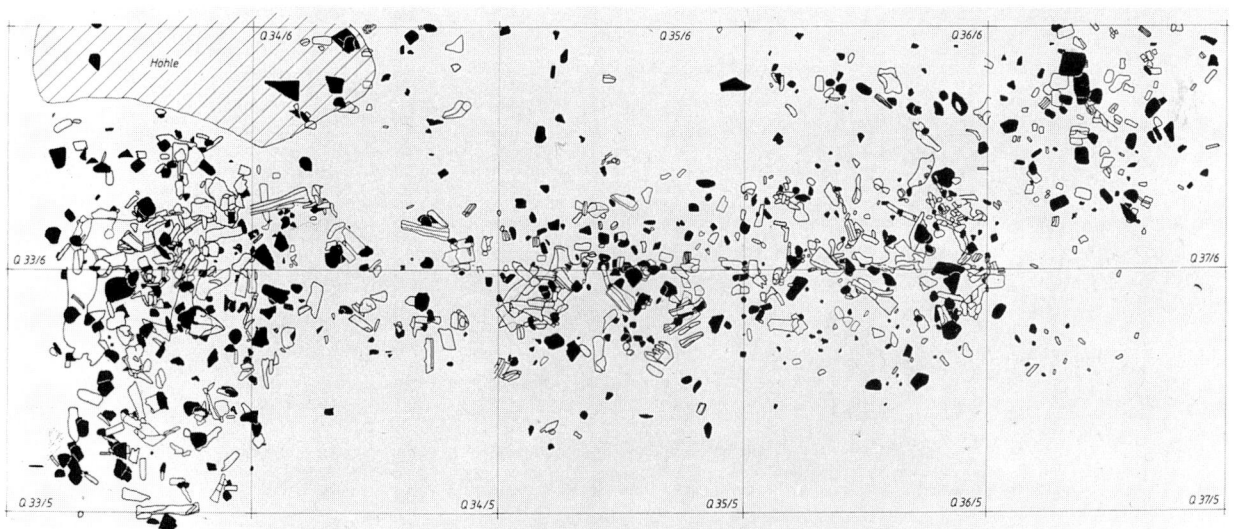

gewesen sein. Die weite Talaue des Neckars mit seinen Nebenarmen und die warmen Mineralquellen haben dem Waldelefanten, dem das tägliche Bad Lebensbedürfnis war, optimale Bedingungen geboten. Das während des Travertinabbaues im oberen Travertinfels des Steinbruches Lauster seit 1980 über Monate hinweg schrittweise mitsamt dem Gestein geborgene Skelett eines Waldelefanten vermittelt ein eindrucksvolles Bild von den Ausmaßen dieser größten Landsäugetiere, die

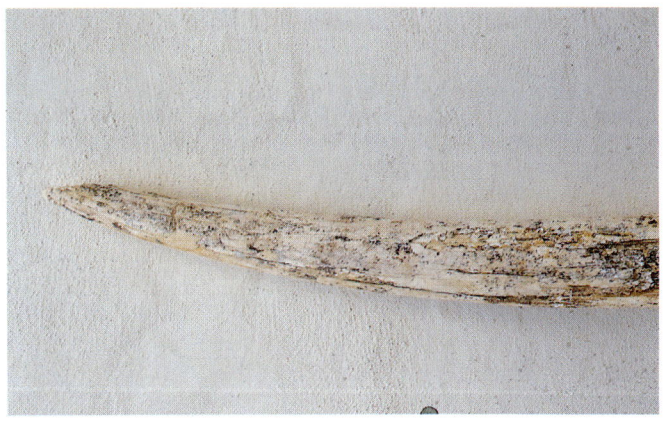

jemals gelebt haben. Ebenfalls auffällige Erscheinungen im oberen Travertin sind isolierte Stoßzähne. Waldelefantstoßzähne sind wenig gekrümmt und kaum gedreht und unterscheiden sich dadurch von denjenigen des Mammuts. Das vorliegende Exemplar stammt wahrscheinlich von einem weiblichen Jungtier. Die Stoßzähne von starken Bullen können bis zu vier Meter lang werden. Ob der Stoßzahn als Rest ehemaliger Jagdbeute anzusehen ist, erscheint wahrscheinlich, weil er zusammen mit anderen Tierknochen und Artefakten aus der archäologischen Fundschicht geborgen wurde. Aus derselben Fundschicht und nur wenige Meter entfernt, stammt der Backenzahn eines Waldelefanten, der mitsamt dem Sediment geborgen und zur Hälfte in ihm belassen wurde. Aufgrund der sicher alten Beschädigungen ist es wahrscheinlich, daß der nur mäßig angekaute, letzte rechte Backenzahn mit Gewalt

aus dem Kiefer herausgeschlagen wurde. Dabei wurde das schmalere Ende und die tiefer im Kiefer steckenden Schmelzlamellen abgesprengt.

6 Das Neckartal bei Cannstatt vor ca. 250 000 Jahren

Die Cannstatter Travertine sind Ablagerungen jener Mineralquellen, die während des Eiszeitalters an verschiedenen Stellen und zu verschiedenen Zeiten in der Talaue des Neckars zutage traten. Die Mineralwässer überrieselten die Talaue, wobei Kalk als Travertin ausgeschieden wurde. Allmählich wuchsen die Kalkablagerungen in die Höhe. Gelegentlich wurde die Travertinbildung unterbrochen, wenn sich die Mineralwässer einen anderen Weg suchten. Diese Sumpfwildnis im weiten,

Lebensbild zur Zeit der jüngeren Mindel-Riß-warmzeitlichen Travertinterrasse an der linksufrigen Neckarhalde vor etwa 250 000 Jahren. Rechts im Hintergrund ist der Höhenrücken des Burgholzhofes.
Wissenschaftlicher Entwurf: Prof. Winfried Reiff
Grafische Gestaltung: Klaus Bürgle

wildreichen Tal des Neckars mit seinen warmen Quellen war wohl zu allen Zeiten ein Anziehungspunkt für Mensch und Tier: Elefanten kamen zum Baden. Nashörner und Wildschweine suhlten sich im Schlamm, im Schilfdickicht ästen Rudel kleiner Hirsche, Wildrinder und Wildpferde kamen zur Tränke und die Sumpfschildkröte lag auf den sonnenbeschienenen Schlammbänken. Aber auch Wölfe, Bären und Löwen trieben sich herum. Nicht zuletzt erschien der Urmensch und hinterließ Spuren seines wildbeuterischen Lebens.

7 Frühe Spuren menschlicher Existenz: Travertinblock aus dem Steinbruch Lauster

Auf der Oberfläche der Travertinplatte sind zahlreiche Tierknochen, insbesondere zwei Geweihstangen vom Rothirsch, zusammen mit Steingeräten erhalten. Dies ist der ehemalige Boden eines Lebensraumes vor ca. 250000 Jahren, auf dem sich während einer kurzen Sedimentationsunterbrechung urmenschliches Leben entfaltete. An den Geweihstangen ist zu erkennen, daß sie mitsamt den Rosenstöcken aus dem Schädel gebrochen wurden. Mit Bearbeitungsspuren an den Tierknochen und Steingeräten ist so urmenschliche Aktivität sicher belegt. Einige kleine Holzkohlestückchen sind ein Hinweis darauf, daß in der Nähe ein Feuer gebrannt hat. Dieser Befund wurde rasch durch neue Travertinbildung eingebettet.

Beim Abbau spaltete sich der Travertinblock genau in der Fundschicht in zwei Teile, so daß Negativ- und Positivabdrücke entstanden sind.

III Die Kelten

1 Die frühen Kelten in Süddeutschland

Die Kelten zählen zu den großen und bedeutenden Kulturvölkern der vorrömischen Zeit in West- und Mitteleuropa. Trotzdem wissen wir wenig über ihre Geschichte. Nur Bodenfunde geben spärliche Auskunft über ihre Herkunft, ihr Leben und ihre Kultur sowie Berichte antiker Schriftsteller aus dem 6./5. Jh. v. Chr. Während dieser Zeit hatte sich in Süddeutschland, der Schweiz und in Ostfrankreich eine archäologisch klar umschreibbare Kulturprovinz herausgebildet, die geographisch und zeitlich jenen frühen Kelten zuzuschreiben ist, von denen diese antiken Quellen (besonders Herodot) berichten. Nach dem großen Gräberfeld von Hallstatt im Salzburger Land wird die Zeit der frühen Kelten des 6. und älteren 5. Jahrhunderts in der archäologischen Forschung »Hallstatt-Zeit« genannt. Der Ursprung des keltischen Kunststils und der keltischen Kultur wird heute in diesem westhallstättischen Kulturkreis Süddeutschlands, der Schweiz und Ostfrankreichs vermutet. Die Kelten haben sich dann im 4. und 3. Jahrhundert zum Teil über ganz Europa bis hin nach Kleinasien ausgebreitet. Die unter dem Oberbegriff »Kelten« zusammengefaßten Stämme und Verbände sind in der Vorgeschichte Europas die erste »Völkergemeinschaft«, die wir beim Namen nennen können.

Seit dem 2. Jh. v. Chr. wurden die Kelten von germanischen Stämmen und den Römern verdrängt und unterworfen. Nachkommen und Kulturträger der antiken Kelten sind heute noch z. B. die Iren und die Bretonen.

Zu den eindrucksvollsten Beispielen der Hallstatt-Kultur in Süddeutschland zählen vor allem die Fürstensitze auf der Heuneburg bei Hundersingen (Landkreis Sigmaringen) und auf dem Hohenasperg bei Ludwigsburg sowie die südlich vom Hohenasperg liegenden Prunk- und Fürstengräber aus dem späten 6. Jh. v. Chr., zu denen neben dem berühmten Fürstengrab von Hochdorf auch die zwei Fürstengräber von Bad Cannstatt gehören. In diesen Gräbern können wir eine aristokratische Herrscherschicht erfassen, deren Grabausstattung Zeugnis ablegt von ihrer Macht und ihrem Reichtum.

2 Die hallstattzeitlichen Grabhügel

Die Bestattungsplätze bestanden aus mit Erde und Steinen aufgeschütteten Hügeln, die schon äußerlich einen Eindruck von der Bedeutung der in ihnen bestatteten Person geben sollten. Die Toten wurden gemäß ihrer sozialen Stellung in ihrer Tracht- bzw. Waffenausstattung niedergelegt, damit der Rang eines einzelnen auch im Jenseits erkannt werden konnte. Auf manchen Grabhügeln wurden noch zusätzlich Steinstelen aufgestellt. Neben der zentralen Bestattung in einer hölzernen Kammer wurden meist noch weitere Tote beerdigt. Dabei handelte es sich um Angehörige des Toten oder um Gesinde seines Hofes.

3 Die hallstattzeitlichen Fürstengräber von Cannstatt

Am westlichen Rand des Schmidener Feldes, hoch über dem Neckar gelegen, wurden beim Bau der großen Steinhaldenfeldsiedlung im Jahre 1934 und 1937 in der Adolph-Stöcker-Str.35 (heute Naumann-Straße) und in der Theodor-Fritsch-Str.158 (heute Kolping-Straße) zwei bemerkenswerte, 120 m auseinanderliegende, große Grabanlagen entdeckt. Beide Gräber wurden von dem berühmten württembergischen Vorgeschichtsforscher, Prof. Dr.Oskar Paret, ausgegraben. Die Funde, die zum Teil im Zweiten Weltkrieg verlorengegangen sind, befinden sich heute im Württembergischen Landesmuseum in Stuttgart.
In beiden Gräbern waren Männer bestattet. Die Skelettreste waren zwar nahezu vergangen, die Geschlechter ließen sich jedoch aufgrund der Trachtbestandteile und Waffen erschließen. Die Toten wurden in hölzernen Grabkammern (Grab 1: 3,5 × 3 m und Grab 2: 2,3 × 2,5 m), von denen noch Reste erhalten waren, beigesetzt. Darüber waren ursprünglich große Grabhügel aufgeschüttet, die jedoch in der Zwischenzeit völlig verschliffen bzw. abgetragen waren. Aufgrund der reichen Grabbeigaben zählten die beiden Toten zu einer aristokratischen Oberschicht, deren Sitz sich auf dem Asperg befunden haben könnte. Beide Gräber stammen aus der Zeit um 500 v. Chr.

Grab 1
Der Tote trug um den Hals einen goldenen Reif, am rechten Arm ein goldenes Armband und am linken einen bronzenen Armring. An der Schulter fanden sich mehrere kleine Ohrringe aus Gold. Auf dem Bauch lagen Reste eines Gürtelblechs aus Bronze. Um den Toten herum lagen ferner drei Fibeln und drei Lanzenspitzen aus Eisen. Im Osten der Grabkammer standen zwei große Bronzebecken, wovon eines eine aus Goldblech getriebene Schale enthielt.

Den meisten Raum nahmen im Osten jedoch die Reste eines zusammengebrochenen, vierrädrigen Wagens ein, dessen Kasten mit verziertem Bronzeblech beschlagen und die Radnaben mit Eisenblech verkleidet waren.

Grab 2
Der Tote trug ebenfalls einen goldenen Ring um den Hals und ein goldenes Armband am rechten Arm. Ferner fanden sich kleine goldene Ohrringe, auf der Brust zwei Bronzefibeln und auf dem Bauch ein bronzenes Gürtelblech. Neben dem Toten lagen zwei eiserne Lanzenspitzen, in der Südostecke der Grabkammer stand ein Bronzekessel.

4 Die Goldfunde aus den Fürstengräbern von Cannstatt

Die hallstattzeitlichen Goldfunde aus den Gräbern von Bad Cannstatt zählen mit zu den bedeutendsten Goldfunden der frühen Kelten Süddeutschlands.
Die goldenen Halsreife, Armringe und Ohrringe waren wie der vierrädrige Wagen oder die goldene Schöpf- bzw. Trinkschale Kenn- und Standeszeichen der herrschenden Oberschicht.
Die Goldblecharbeiten sind in charakteristischer Weise durch einfache Punzen (Ornamente) in streng geometrische Anordnungen verziert.

Goldfunde aus den Cannstatter Fürstengräbern

IV Die Römer

1 Die Römer in Südwestdeutschland

Die Voraussetzungen für die römische Besiedlung Süddeutschlands wurden durch die Besetzung der Alpen und des Alpenvorlandes durch die beiden Stiefsöhne des Kaisers Augustus (31. v. Chr. – 14. n. Chr.), Drusus und Tiberius, im Jahre 15 v. Chr. geschaffen. Dieser Alpenfeldzug bedeutete den Beginn einer wechselvollen Geschichte für etwa 400 Jahre zwischen Rhein und Donau, die durch die Auseinandersetzungen mit den germanischen Stämmen geprägt war.

Die römische Grenzlinie wurde dabei in mehreren Etappen nach Norden bzw. Osten verlegt, bis sie unter Kaiser Antoninus Pius (138–161 n. Chr.) mit dem obergermanisch-raetischen Limes in der Mitte des 2. Jahrhunderts ihre weiteste Ausdehnung erfuhr. Dieser äußere Limes hat jedoch nicht allzu lange Bestand, denn die römischen Truppen und Siedler werden durch andauernde Germaneneinfälle in der 2. Hälfte des 3. Jahrhunderts bis spätestens in den Jahren 259/60 endgültig wieder zurück bis an den Rhein gedrängt.

2 Das römische Kastell in Cannstatt

Die Errichtung eines Militärlagers in Bad Cannstatt und der anderen Kastelle entlang des Neckars zwischen Bad Wimpfen und Köngen erfolgte im Rahmen einer Grenzkorrektur, um die Lücke zwischen dem neu errichteten Taunus-Wetterau-Limes im Norden und dem Alblimes auf der Schwäbischen Alb im Süden zu schließen. Unter der Herrschaft von Kaiser Domitian (81–96 n. Chr.) wurde deshalb in den Jahren 85 bis 90 n. Chr. eine neue Grenzlinie durch eine Kastellkette vom Main durch den Odenwald bis zum mittleren Neckar gebildet. Während im Odenwald eine künstliche Grenzlinie errichtet wurde, war der Neckar eine natürliche Grenze, die durch zahlreiche Kastelle, wie in Bad Cannstatt, einen wirkungsvollen Schutz gegen das freie Germanien bot.

Das an der Neckarstraße gelegene Kastell Bad Cannstatt hatte Straßenverbindungen zu den Provinzhauptstädten Mainz/Mogontiacum und Augsburg/Augusta Vindelicum, zu dem Legionslager Straßburg/Argentoratum und ins Neckar- und Remstal. So lag das römische Bad Cannstatt an einem wichtigen Kreuzungspunkt verschiedener Straßen in Südwestdeutschland.

Nachdem die Kastelle an diesem sogenannten Alb-, Neckar- und Odenwaldlimes bis um die Mitte des 2. Jahrhunderts n. Chr. Bestand hatten, wurde etwa um 155 n. Chr. eine letzte Grenzkorrektur in Obergermanien und Raetien herbeigeführt. Dabei wurde der obergermanische Limes unter Kaiser Antoninus Pius (138–161 n. Chr.) vom Odenwald und Neckar um etwa 30 km nach Osten vorverlegt. Damit gab man das Militärlager in Bad Cannstatt auf und verlegte die Truppen an ihren neuen Standort nach Welzheim.

Diese neue Limeslinie vom Main bis zum Remstal wurde wieder durch Kastelle und 267 Wachtürme gesichert. Das Land östlich des Neckars war durch die neue Grenzziehung leichter zu kontrollieren; außerdem lagen die sehr fruchtbaren Lößböden des Neckarlandes als Kornkammer innerhalb der römischen Grenzen.

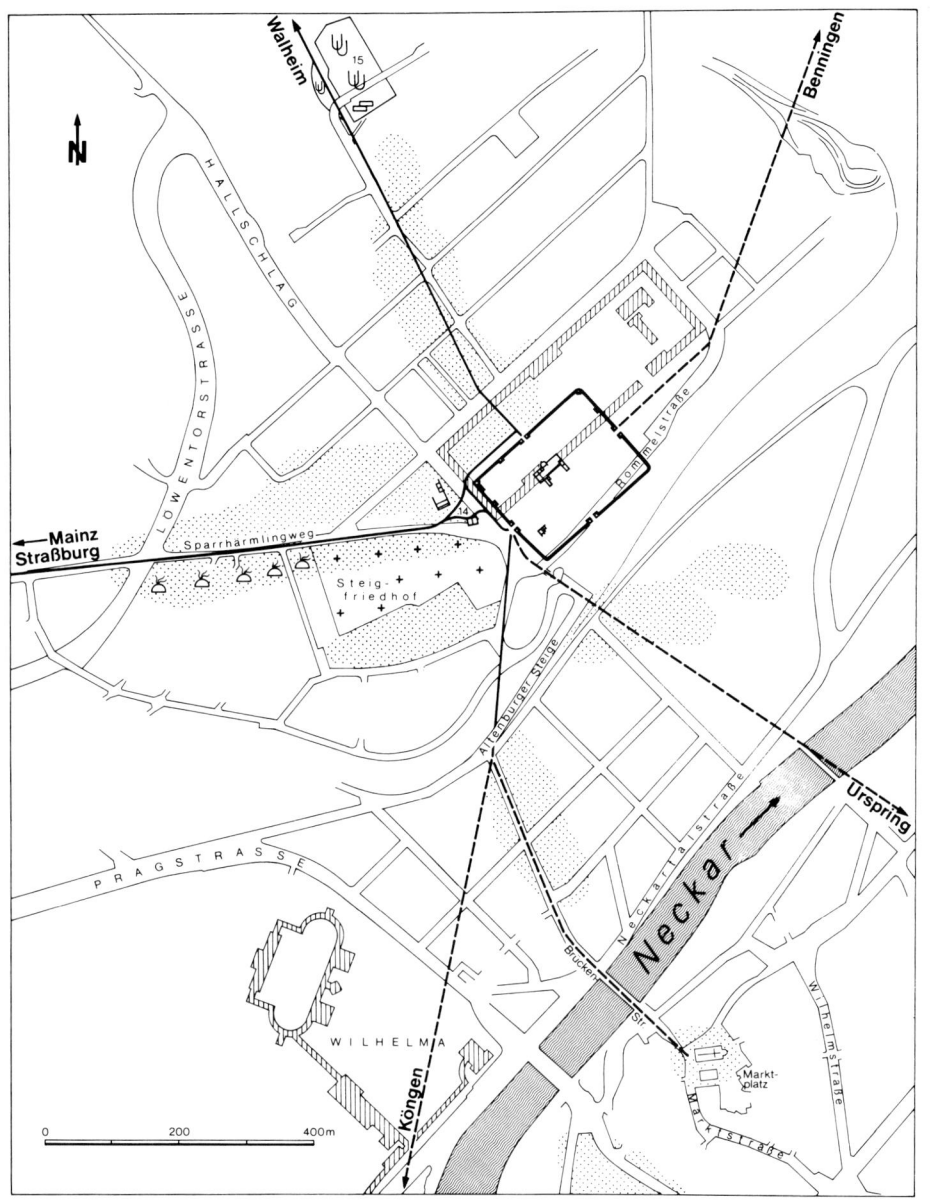

Lageplan des Kastells

3 Die Römer in Cannstatt

Mit der Errichtung des römischen Kastells in einer strategisch günstigen Plateaulage auf dem Altenburger Feld hoch über dem Neckar, entwickelte sich seit ca. 90 n. Chr. bis in das 3. Jahrhundert eine ausgedehnte römische Zivilsiedlung entlang den in allen Himmelsrichtungen ausfallenden Straßenzügen. Römische Reste wurden in Cannstatt bereits im 16. Jh. gefunden. Im 18. Jh. kamen auf dem Altenburger Feld römische Funde zu Tage, während das Kastell erst im Jahre 1894 durch den damaligen Cannstatter Gymnasiallehrer Ernst Kapff entdeckt und zwischen 1894–1896 von der Reichs-Limes-Kommission zusammen mit dem neugegründeten Altertumsverein von Cannstatt erforscht wurde. Im Jahre 1908 führte der Archäologe Peter Goessler dann weitere großflächige Ausgrabungen auf dem Kastellgelände durch. In der Folgezeit wurden häufiger Reste des Lagerdorfes und an mehreren Stellen Brandgräberfriedhöfe angeschnitten.

Das römische Lagerdorf erstreckte sich hauptsächlich beiderseits der aus dem rechten und rückwärtigen Lagertor führenden Straßen sowie zu beiden Seiten des Neckars. In dieser Siedlung wohnten Angehörige der Soldaten und vor allem Handwerker und Händler zur Versorgung der Truppe. Die in Fachwerkbauweise errichteten Häuser waren meist unterkellert und hatten neben den Häusern angelegte Brunnen. Einzelne Häuser besaßen auch Fußbodenheizungen und wiesen damit einen gehobenen Wohnkomfort auf. Handwerkliche Tätigkeiten sind vor allem durch einen großen Töpferbezirk mit mindestens 40 Töpferöfen zwischen dem Steigfriedhof und der Löwentorstraße belegt.

Inschriften lassen vermuten, daß es im Lagerdorf einen Tempel der großen Göttermutter Magna Mater und der Diana Abnoba gab. Reste eines Gigantenreiters weisen auf das mächtige Denkmal einer Jupitergigantensäule hin.

Die Bestattungsplätze wurden an den Ausfallstraßen angelegt, wo die zahlreichen Grabdenkmäler von jedermann eingesehen und so die Toten in das tägliche Leben einbezogen wurden.

Nach Abzug des Militärs um die Mitte des 2. Jahrhunderts bestand die zivile Ansiedlung dank ihrer verkehrsgünstigen Lage im Kreuzungspunkt wichtiger Straßenverbindungen bis spätestens zum Fall des obergermanisch-raetischen Limes in den Jahren 259/60 n. Chr.

Das Kastellgelände wurde nach seiner Entdeckung und Freilegung in den Jahren 1908–1919 durch eine Dragoner-/Reiterkaserne überbaut. Pläne ein Römermuseum zu errichten, scheiterten an den beschränkten finanziellen Mitteln.

4 Das römische Kastell (Beschreibung)

Mit der Stationierung römischer Truppen an der Nekkar-Odenwald-Linie, wurde in den Jahren vor 90 n. Chr. über dem linken Neckarufer auf dem Altenburger Feld ein einfaches und schnell zu erbauendes Kastell in Holz-Erde-Bauweise mit hölzernen Toren errichtet. Von seiner Verteidigungsanlage konnte der 185 × 160 Meter messende Umfassungsgraben, der ein Areal von 2,96 ha umschloß, nachgewiesen werden. Die hölzerne Innenbebauung hatte sich nur in wenigen Überresten erhalten.

Das Holz-Erde-Kastell bestand bis in die Zeit um 100 n. Chr. und wurde dann durch ein dauerhaftes Steinkastell ersetzt. Das Kastell blieb bis in die Zeit um 155 n. Chr. – als die Limes-Linie nach Osten vorverlegt

Ernst Kapff und Mitglieder der Reichslimeskommission
während den Ausgrabungen am Cannstatter Kastell

und neue Kastellplätze gegründet wurden – von römischen Truppen besetzt. Das gegenüber dem Holz-Erde-Kastell mit 3,74 Hektar größere Stein-Kastell bot Platz für eine berittene Einheit von 500 Reitern (ala quingenaria). Aus Inschriften wissen wir, daß dies die später in Welzheim stationierte ala I Scubulorum war.

Das Steinkastell maß etwa 220×170 Meter und war von einer bis zu 1,2 Meter breiten Umfassungsmauer umgeben, an die wahrscheinlich ein Wehrgang angebaut war. Teilweise ließen sich Eck- und Zwischentürme in der Wehrmauer nachweisen. An jeder Seite befand sich eine Toranlage mit doppelten Tordurchfahrten – mit Ausnahme der rückwärtigen Lagerfront – die von Tortürmen flankiert waren.

Das Kastell wurde von Lagerstraßen etwa radial geteilt. Im Zentrum lag die principia (Stabsgebäude) mit zwei Innenhöfen und Hallen. Architektonischer Mittelpunkt war das durch eine Apsis hervorgehobene Fahnenheiligtum (sacellum). Im Stabsgebäude war die Kommandantur und die Verwaltung des Lagers untergebracht.

Von den übrigen Innenbauten (wie z.B. Wohnbauten und Mannschaftsbaracken) konnten lediglich die Reste von zwei Steinbauten unbekannter Bestimmung beim rechten Lagertor nachgewiesen werden.

5 Die römischen Gräberfelder

Am Rande des römischen Lagerdorfes wurden entlang der Ausfallstraßen an mehreren Stellen in Bad Cannstatt die Reste römischer Bestattungsplätze festgestellt. Dabei handelte es sich überwiegend um Plätze mit Brandbestattungen, während Körperbestattungen vergleichsweise selten waren.

6 Das Gräberfeld »Auf der Steig«

Etwa 0,6 km nordwestlich des Kastells lag an der Römerstraße nach Walheim ein großes Gräberfeld. Im Zuge des Lehmabbaus wurden erstmals 1817 durch den Cannstatter Lehrer Johann Daniel Georg Memminger Gräber geborgen. Bei weiteren Grabungen vor und nach der Jahrhundertwende stieß man auf zahlreiche Funde auf dem Gelände der damaligen Ziegelei Höfer, so auf ein Grabgebäude mit Weihungen an Herecura, Reste von Grabdenkmälern und Skulpturen – meist Löwenplastiken.

Im Jahre 1955 wurden vom Landesdenkmalamt in Stuttgart am Lehmgrubenrand in der Nähe der Ziegelei Höfer 83 Gräber ausgegraben. Dabei handelte es sich mit Ausnahme von 4 Körpergräbern um Brandbestattungen. Aufgrund seiner Ausdehnung läßt sich die Gesamtzahl der Bestattungen vorsichtig auf etwa 2000–3000 hochrechnen. Die ungewöhnlich große Anzahl römischer Grabdenkmäler und die Größe des Gräberfeldes lassen vermuten, daß sich hier der Hauptbestattungsplatz des römischen Bad Cannstatt befand. Die Belegung des Gräberfeldes begann bald nach der Gründung des Kastells um 90 n. Chr. und dauerte bis in die 60er Jahre des 2. Jahrhunderts. Seitdem verminderte sich die Belegung, und noch vor der Wende zum 3. Jahrhundert scheint der Friedhof weitgehend aufgegeben worden zu sein. So sind lediglich einige wenige Gräber aus dem frühen 3. Jahrhundert n. Chr. vorhanden.

7 Bestattungssitten

Typisch für römische Grabsitten des Limesgebietes waren zunächst Brandbestattungen. Die Toten wurden meist zusammen mit Beigaben (z. B. Speisebeigaben in Keramikgefäßen) auf Scheiterhaufen verbrannt. Entweder wurden die Reste zusammen mit dem Leichenbrand in einer Grube als Brandschüttungsgrab bestattet, oder der Leichenbrand wurde sorgfältig ausgelesen und in einem Ledersäckchen neben den Keramikbeigaben niedergelegt. Oft wurde der Leichenbrand auch ausgelesen und in einer Urne deponiert (Urnengrab). Seit dem 3. Jahrhundert setzte sich die Sitte der Körperbestattung gegenüber der Brandbestattung mehr und mehr durch.

8 Römische Töpferei

Im Bereich römischer Siedlungen, wie z. B. Cannstatt, finden wir stets eine größere Anzahl von Töpfereibetrieben, die den Bedarf an Haushalts- bzw. Wirtschaftskeramik, also an Gebrauchsgeschirr deckten. Die Produktbreite war dabei vielfältig: Neben kleineren Amphoren, Krügen, Koch- und Vorratstöpfen wurde auch Eß- und Trinkgeschirr angefertigt.

Das vornehme »Porzellan« der Römer, die rote Glanztonware oder Terra Sigillata, wurde dagegen nur in einigen wenigen Manufakturen hergestellt und dann durch Händler verbreitet.

In Südwestdeutschland finden wir große Manufakturen in Rheinzabern und in Heiligenberg im Elsaß. Im rechtsrheinischen Limesgebiet sind solche Töpfereien für Terra Sigillata lediglich in Waiblingen-Beinstein und in Stuttgart-Kräherwald nachgewiesen worden.

9 Die römischen Töpferöfen beim Sparrhärmlingweg

In Bad Cannstatt wurden nach dem Ersten Weltkrieg zwischen dem Steigfriedhof und der Löwentorstraße, entlang des Sparrhärmlingwegs, etwa 40 Öfen eines ausgedehnten Töpferzentrums freigelegt. Bereits zuvor war durch Stadtgeometer Baumeister im Jahre 1909 ein Töpferofen westlich des Kastells ausgegraben und in einer wunderschönen Aquarellzeichnung dokumentiert worden.

Die Töpferöfen wurden von einer Bedienungsgrube aus befeuert. Von dort aus gelangte die Heißluft über einen Heizkanal in den Feuerungsraum. Darüber war eine Lochtenne, durch die die Heißluft in den eigentlichen Brennraum mit den eingestellten Gefäßen aufstieg. Das Gelingen eines Brandes war in hohem Maße vom Können des Töpfers abhängig. So sind Funde von Fehlbränden immer ein untrügliches Zeichen der Keramikproduktion.

10 Terra Sigillata

Das Terra Sigillata genannte römische Tongeschirr zeichnet sich durch eine glatte und glänzende, rote Oberfläche aus und war nicht nur wegen seines guten und harten Brandes, sondern vor allem wegen seines gefälligen Aussehens sehr beliebt. Die Oberfläche bestimmter Gefäßformen war in Reliefmanier, mit Barbotineauflagen oder in Schlifftechnik ornamental oder figürlich verziert.

Die wichtigste Gruppe ist jedoch die reliefverzierte Sigillata. Bei der Herstellung dieser Keramik wurde in den

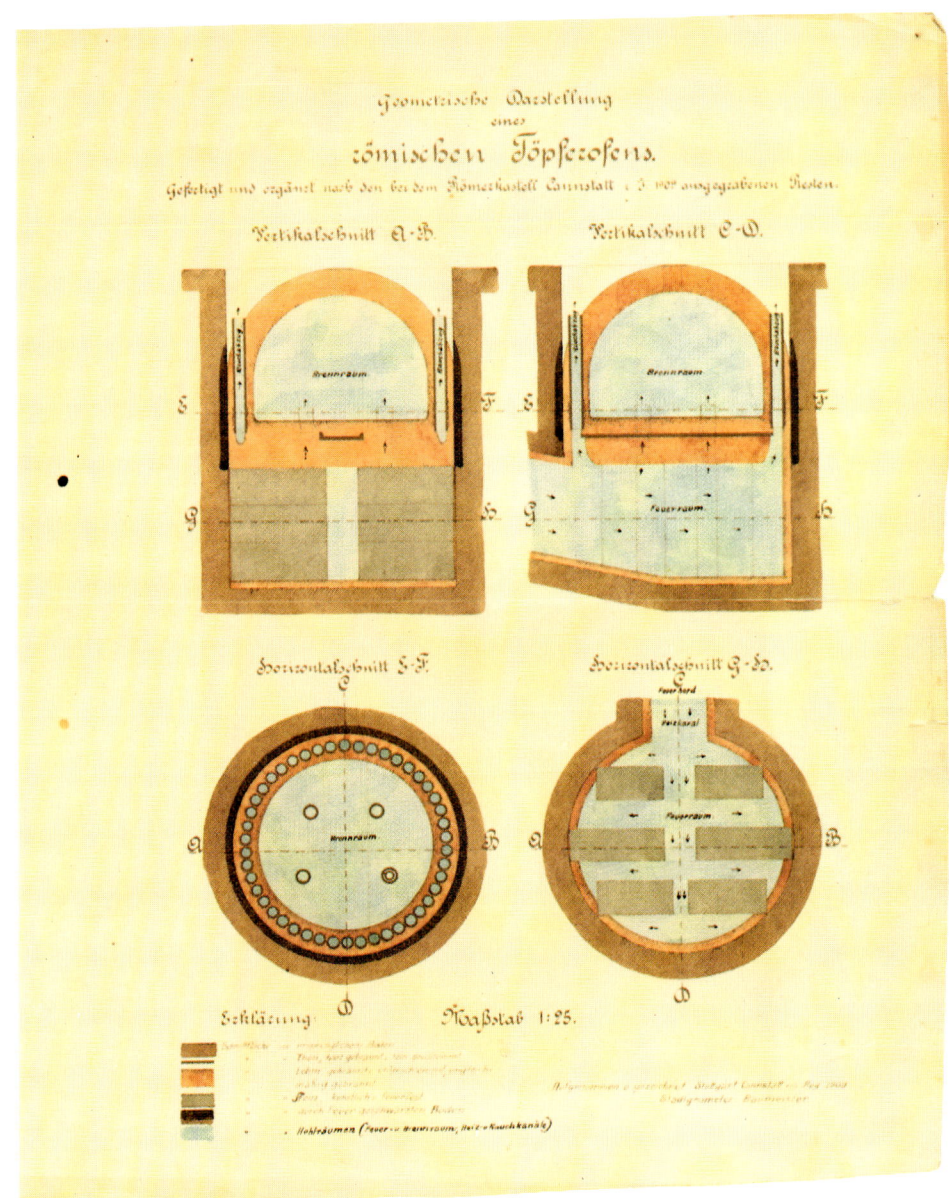

Rekonstruktion eines Töpferofens

Töpferofen mit Bedienungsgrube und Lochtenne

Brennraum eines Töpferofens

noch weichen Ton dickwandiger Formschüsseln in wechselnder Anordnung eine Reihe von Zierpunzen eingedrückt. Nachdem diese Formschüsseln gebrannt waren, konnten aus ihnen beliebig viele Reliefgefäße ausgeformt und mit dem roten Glanztonüberzug versehen und gebrannt werden.

Aus den ständig wechselnden Dekorationen lassen sich einzelne Werkstattkreise und sogar Töpfer herausarbeiten und diese verschiedenen chronologischen Zeitabschnitten zuordnen. Aus der Verteilung der Sigillaten lassen sich dann Handelsverbindungen und die Absatzmärkte ablesen.

V Alt-Cannstatt
in den Jahren 1700–1823

Modell von Benno Schmid

Durch Jahrhunderte bot Cannstatt den gleichen Anblick, den Matthäus Merian auf dem bekannten Kupfer-
stich von 1643 dargestellt hat.
Seit Herzog Ulrichs Zeit (1487–1550) schützte eine mit
6 Türmen versehene Ringmauer die Stadt. Sie verlief
vom Brückentor (Wilhelmsbrücke) entlang der heutigen
Badstraße zwischen Waiblinger Tor (Wilhelmsplatz),
dann längs der Spreuergasse zum Schmidener Tor und
an der heutigen Überkinger Straße wieder zum Brük-
kentor.
Noch 1796 im französisch-österreichischen Krieg ist unter diesen Mauern heftig gekämpft worden (Schlacht
»Bei Cannstatt an der Brucken«), sie konnten jedoch
die Stadt nicht vor den Schrecken des Krieges schützen.
In den Friedensjahren nach den Napoleonischen Kriegen ab 1815 wurde der Mauerring abgetragen.

Ausschnitt aus dem Stadtmodell: rechts das Klösterle

VI Cannstatt als Badestadt im 19. Jahrhundert

1 Badgeschichte

Die Badgeschichte von Cannstatt hat eine lange Vergangenheit. Schon die Römer nutzten die hier aus dem Boden sprudelnden Mineralwässer. 1299 wurden die Quellen erstmals schriftlich erwähnt. Aber erst zu Beginn des 19. Jahrhunderts begann mit der Errichtung von Badhotels und der baulichen Fassung der verschiedenen Mineralquellen die eigentliche Entwicklung Cannstatts zur Badestadt.

So gehörte Cannstatt um die Mitte des 19. Jahrhunderts zu den bekanntesten Kur-Badeorten in Deutschland, ja in Europa. Damals, so etwa zwischen 1840 und 1880, hielten sich während der Saison zahlreiche Kurgäste, nicht nur aus den deutschen Staaten, der Schweiz oder Frankreich hier auf, sondern auch aus Rußland, England und Amerika. Sie alle wurden durch die zahlreichen Mineralquellen, wie auch durch die renommierten medizinischen Institute von Cannstatt angezogen.

Große Verdienste am Aufstieg Cannstatts zu einem internationalen Kurbad hatte, neben einzelnen Privatpersonen, vor allem der württembergische König Wilhelm I. (1781–1864) durch seine große ideelle und finanzielle Unterstützung sowie der 1821 gegründete Brunnenverein Cannstatt.

Wohl kaum ein anderer Monarch hatte eine so große Vorliebe für Cannstatt wie Wilhelm I. Während seiner 48jährigen Regierungszeit (1816–1864) wurde die Badestadt so etwas wie die »heimliche Hauptstadt« Württembergs. In keiner anderen Stadt hat sich der König so oft aufgehalten. So schrieb ein Chronist: »Der König war gerner in Cannstatt als in Stuttgart, fast alle Morgen in aller Frühe ritt er zum Kursaal, ganz wie ein gewöhnlicher Kurgast. Unser Mitbürger ist schon da, sagten die Cannstatter...«

König Wilhelm I. (1781–1864)
Ausschnitt aus einer Lithographie 1863

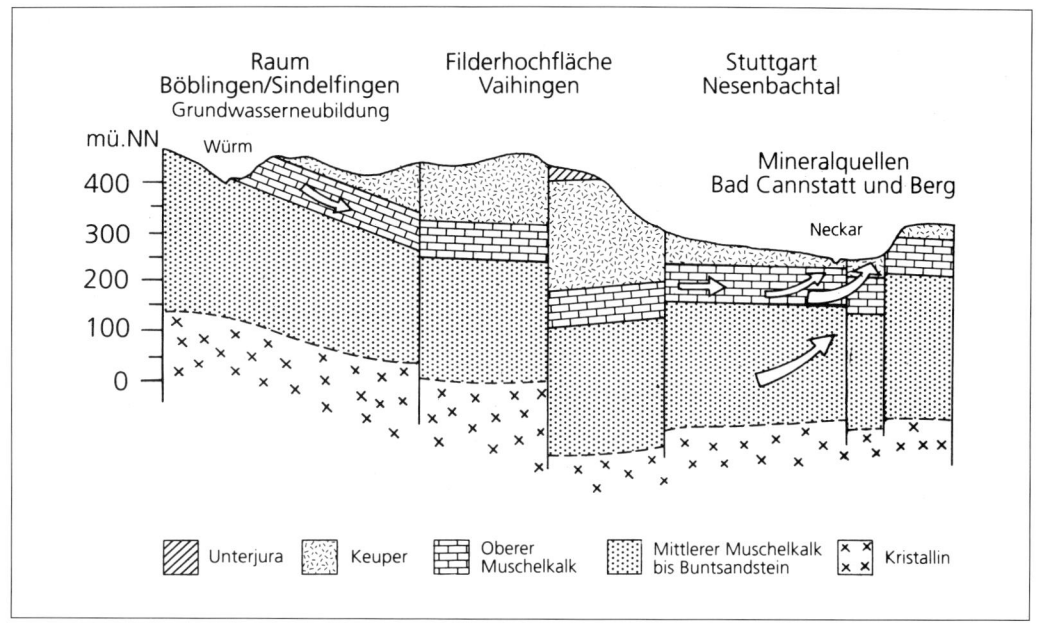

Die Entstehung der Cannstatter Mineralquellen (Plan: Amt für Umweltschutz der Stadt Stuttgart)

Das Mineralwasservorkommen entsteht durch unterirdische Wanderung eingesickerter Niederschläge. Dieses Einsickerungsgebiet liegt entgegen den alten Vorstellungen nicht im Strohgäu, sondern weiter südlich im Bereich des oberen Gäus. Dort sickert das Regenwasser in das etwa 80 Meter mächtige geklüftete Kalkgestein ein und gelangt in einem Zeitraum von etwa 10 Jahren allmählich nach Nordosten unter dem westlichem Filderraum und dem Nesenbachtal nach Cannstatt und Berg. Dort fließen täglich 22 Millionen Liter unterschiedlich mineralisiertes Wasser aus 19 Quellen. Damit ist Stuttgart nach Budapest der mineralwasserreichste Ort in Europa.

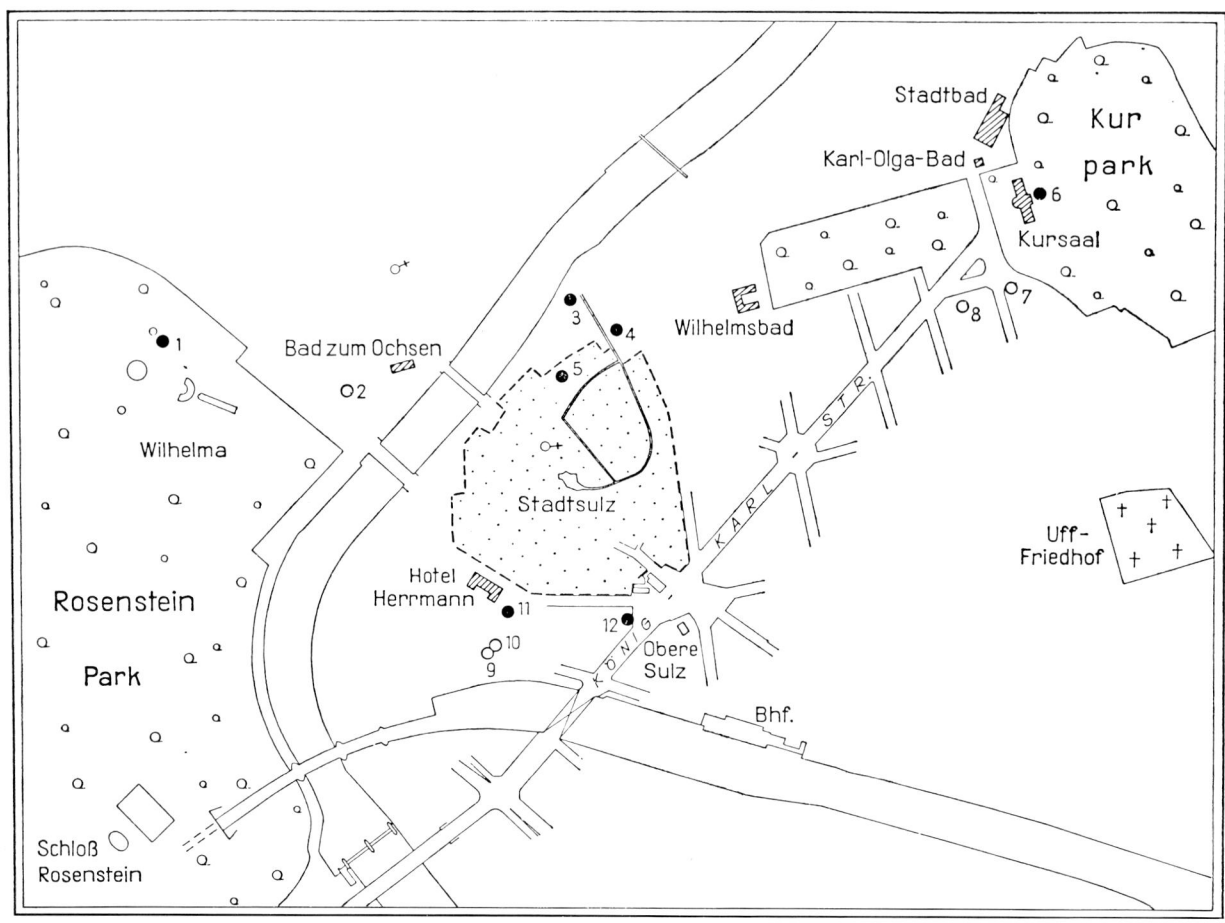

Quellen, Brunnen und Badehäuser Cannstatts im 19. Jahrhundert

● natürliche Quellaustritte,
heute versiegt

○ erbohrte Mineralwasser-Brunnen

1 Wilhelma-Brunnen

2 Ochsenquelle

3 Zaisscher Brunnen =
  Mühlgrün-Brunnen

4 Geßweinscher Brunnen

5 Kellerscher Brunnen

6 Sulzerrain-Brunnen
  = Wilhelms-Brunnen und
  Gottlieb-Daimler-Quelle

7 Wiesenquelle = Zollersche Quelle

8 Carlsquelle

9 Weiblein

10 Männlein

11 Frösnerscher Brunnen
  = Herrmannscher Brunnen
  = Schiffmannscher Brunnen

12 Heinescher Brunnen

2 »Belebter Kurort«

Der Ruf der Heilkräfte des Cannstatter Mineralwassers drang bald in weite Ferne. Cannstatt, das früher im Auslande kaum weiter bekannt war, als daß es an der großen Heerstraße von Wien nach Paris gelegen sei, wurde bald in allen Zungen Europas genannt; aus allen Ländern kamen Fremde, die Hilfe suchten. Es entstanden große Gasthöfe zur Beherbergung der Fremden und viele Einwohner erweiterten ihre alten Häuser oder erbauten neue, um diejenigen aufzunehmen, welche die Gasthöfe nicht mehr fassen konnten. Die früher vom Ackerbau lebende kleine, nicht besonders ansehnliche Stadt wurde zum belebten Kurorte; das Geld, welches die Fremden ausgaben, wirkte günstig auf Handel und Verkehr und statt der wenigen hundert Gulden, welche die Mühle ihrem Besitzer abwarf, brachte nun jene Quelle in der ganzen Stadt mehr als 100000 Gulden jährlich in Umlauf.

Carl Heinrich Daiber, Beschreibung und Geschichte der Stadt Cannstatt. 1878

Die Zahl der Kurgäste belief sich 1852 auf 1456. Darunter befanden sich 2 Könige, 2 Königinnen, 2 Großfürsten, 5 Fürsten, 4 Herzoginnen, 2 Prinzen, 1 Prinzessin, 1 Markgraf, 1 Graf, 5 Marschälle und 2 Lords und eine Anzahl Angehöriger des niederen Adels.

Carl Herrmann Beck, Cannstatter Chronik. 1900

PLAN von CANNSTATT.

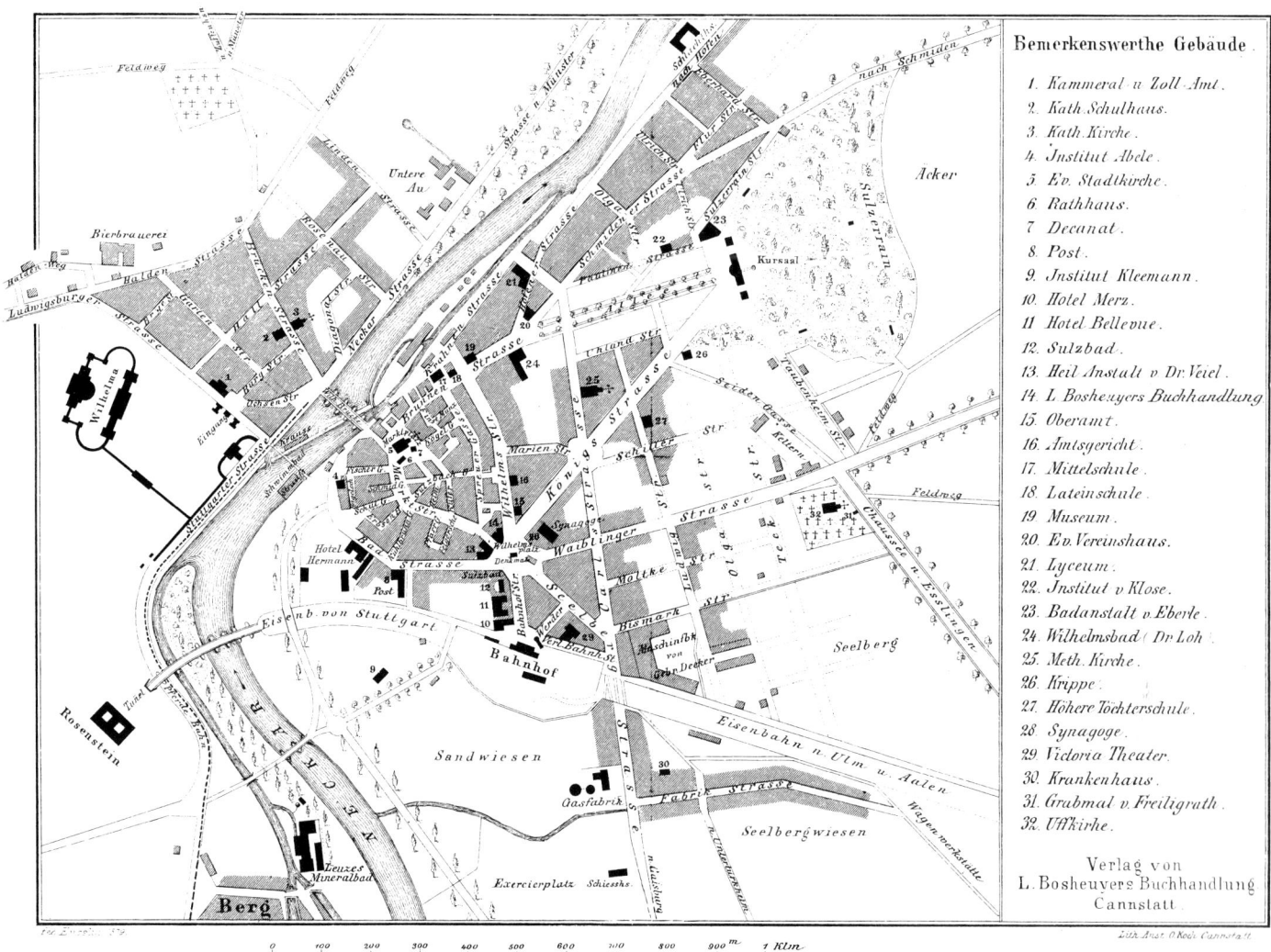

Bemerkenswerthe Gebäude.

1. Kammeral u. Zoll-Amt.
2. Kath. Schulhaus.
3. Kath. Kirche.
4. Institut Abele.
5. Ev. Stadtkirche.
6. Rathhaus.
7. Decanat.
8. Post.
9. Institut Kleemann.
10. Hotel Merz.
11. Hotel Bellevue.
12. Sulzbad.
13. Heil Anstalt v. Dr. Veiel.
14. L. Bosheuyers Buchhandlung.
15. Oberamt.
16. Amtsgericht.
17. Mittelschule.
18. Lateinschule.
19. Museum.
20. Ev. Vereinshaus.
21. Lyceum.
22. Institut v. Klose.
23. Badanstalt v. Eberle.
24. Wilhelmsbad Dr. Loh.
25. Meth. Kirche.
26. Krippe.
27. Höhere Töchterschule.
28. Synagoge.
29. Victoria Theater.
30. Krankenhaus.
31. Grabmal v. Freiligrath.
32. Uffkirche.

Verlag von
L. Bosheuyers Buchhandlung
Cannstatt

Maasstab: 1:10,000

Stadtplan 1879

Theater in Cannstadt.

Das Wilhelmatheater in Cannstatt um 1840

3 Mildes Klima

Die Luft in Cannstatt ist stets frisch, die Straßen trocken und reinlich, da die vielen Mineralquellen, die als kleine Bäche Cannstatt durchfließen, alle Unreinlichkeiten rasch dem Neckar zuführen, deßhalb können sich nirgends stagnirende Wasser oder Sümpfe bilden.

Cannstatt vereinigt nun in sich alle Bedingungen eines klimatischen Kurortes; es bietet zugleich die Vortheile eines angenehmen Landaufenthaltes wie es auch den Ansprüchen des Comforts völlige Genügung zu leisten im Stande ist. Die geeignetste Zeit zum Beginne der Kur fällt in den Anfang des Monats Mai, und kann bis September und Oktober fortgesetzt werden. Im Allgemeinen paßt das Frühjahr und der Herbst mehr für vollsaftige und fettleibige Personen, während die eigentlichen Sommermonate für blutarme und schwächliche Personen am zuträglichsten sind.

Heinrich Ebner, Album von Cannstatt. 1868

Der Schluß aus den eben aufgezeigten Verhältnissen ist leicht, er lautet einfach: Cannstatt gehört zu den wärmsten und zugleich gemäßigtsten Orten Deutschlands.

Cannstatt, Berg, Stuttgart. Wegweiser für Fremde. 1874

Seit einigen Jahren sieht sich Cannstatt nicht allein in der wärmern Jahreszeit, sondern auch sogar während des Winters, von Fremden besucht. Sein äußerst mildes Klima, seine gegen rauhe, nördliche Winde geschützte Lage, verbunden mit den übrigen bereits von uns detaillirten Annehmlichkeiten machen es zum Aufenthalte schwächlicher, brustkranker Personen aus dem nördlichen Europa besonders geeignet. Es ist das Hyeres des südlichen Frankreichs und das Nizza von Italien.

Stuttgarts romantische Umgebungen. 1846

4 Cannstatt – die Stadt der Erziehungsinstitute

Im Zusammenhang mit dem Aufstieg Cannstatts zu einem international besuchten Badeort, beziehungsweise als direkte Folge davon, entwickelte sich hier zwischen 1852 und 1862 ein bedeutendes Schul- und Internatswesen. So gab es neben den ortseigenen Grund- und Höheren Schulen ab 1862 gleichzeitig vier Internate mit einer internationalen Schülerschaft. In einem Reiseführer von 1874 kann man nachlesen: »So sehr nun Cannstatt das Gepräge einer Badestadt trägt, so ist es doch ebensosehr die Stadt der Erziehungsinstitute … Eine reine, gesunde Luft, gemäßigtes und mildes Klima, herrliche Spaziergänge, Gelegenheit zum Kurtrinken und zum Baden, Heilanstalten aller Art – wie sollte das Alles nicht schwer in die Waagschale fallen, wenn es sich um Knaben und Mädchen handelt, die gerade in den Entwicklungsjahren stehend für ihre gedeihliche Entwicklung vielfach der Verbringung in ein günstiges Klima, vielleicht auch spezieller ärztlicher Überwachung bedürfen?«

Mit dem Ende der Badeära war auch der Niedergang der renommierten Internate verbunden. Heute existiert keines dieser Institute mehr.

Das Töchter-Institut, das größte der Cannstatter Internate, wurde im Jahre 1852 von Professor Karl Kleemann (1818–1871) in der Brückenstraße 2 gegründet. 1858 wurde es in ein Haus am Wilhelmsplatz verlegt, bevor es 1865 in einem Neubau an der äußeren, damals noch nicht existierenden König-Karl-Straße 78 seine letzte Bleibe fand. Der Unterricht, vorwiegend für Töchter »höherer und gebildeter Stände«, erstreckte sich auf die folgenden Fächer: Religion, Geschichte, Geogra-

Professor Kleemanns Töchter-Insitut an der König-Karl-Straße. Links im Hintergrund Berg, rechts Schloß Rosenstein mit dem Eisenbahntunnel.

Töchter-Institut von Abele in der Badstraße (Mitte)

phie, Naturkunde, Deutsche Sprache und Literatur, Französische und Englische Sprache, Singen, Zeichnen, Tanzen im Winter, Turnen von Frühjahr bis Herbst und auf alle gewöhnlichen und feineren Handarbeiten. Neben dem normalen Unterricht richtete der Internatsleiter sein Augenmerk aber auch darauf, »den Zöglingen Gelegenheit zur Erlernung und Übung praktischer Tätigkeit zu geben, wie solche zur Führung eines Haushalts vorbereitet. Einzelne ältere Töchter können auf besonderes Verlangen unter Dispensation von einem Teil des Unterrichts in die verschiedenen Zweige der Haushaltung eingeführt werden. Bei allen aber soll Sinn für Familienleben und häusliche Tätigkeit, diesen schönen Schmuck der deutschen Frauenwelt, geweckt und erhalten werden gegenüber einem oberflächlichen Modeleben.« Nach dem frühen Tod des Gründers übernahm dessen Sohn, Dr. E. Kleemann, die Leitung des Internats bis zur Auflösung im Jahre 1882. Das Gebäude wurde daraufhin in ein Wohnhaus umgewandelt und wie die beiden anderen Kleemann'schen Häuser im Zweiten Weltkrieg zerstört.

Im Jahre 1862 wurde von den beiden Damen Abele in der Badstraße 42 eine weitere »Erziehungsanstalt für Töchter« als letztes Internat der Badepoche gegründet. Dank seines guten Rufes zog es bald viele Schülerinnen aus England, Frankreich und der Schweiz an. Wie lange die Anstalt bestanden hat, läßt sich allerdings nicht mehr feststellen. Das Haus selber hat als einziges der Internatsgebäude jener Zeit die Zerstörung des Zweiten Weltkriegs überlebt.

Das »Knaben-Institut« wurde im April 1860 von Professor Josef Klose gegründet, mit dem Ziel, die ihm »anvertrauten Zöglinge in religiöser, sittlicher, intellektueller und physischer Hinsicht so zu fördern, daß eine harmonische Ausbildung aller geistigen und körperlichen Kräfte gewonnen wird, welche die wahre Humanität begründet.« Dementsprechend wurde neben den üblichen Unterrichtsfächern, wie moderne und alte Sprachen, Naturwissenschaften, Musik und Zeichnen, auch sehr großen Wert auf die körperliche Ertüchtigung gelegt. So befand sich neben dem Institutsgebäude in der Mergentheimerstraße ein großer Garten mit verschiedenen Turngeräten. Desweiteren wurden die Schüler, die nicht nur aus Deutschland, sondern auch aus Italien, Rußland, Schweden, Afrika, Süd- und Nordamerika kamen, angehalten, ein Stück Land anzubauen und ein Handwerk zu erlernen. Bis zum Jahre 1883, als das Institut sang- und klanglos einging, wurden nach diesen Erziehungsgrundsätzen über 500 Schüler unterrichtet.

Namen der Zöglinge,
die im Schuljahre 1878/79 die Anstalt besuchten.

_____

In alphabetischer Ordnung.

1. **Gustav Adler,** Sohn des Fabrikanten in Eger.
2. **Charles Booth,** Sohn des Advokaten in Sheffield.
3. **Wilhelm Bullnheimer,** Sohn des Oberbrauers in Nürnberg.
4. **Paul Dumont,** Sohn des Rentiers in Genf.
5. **Gino Dozza,** Sohn des Ingenieurs in Bologna.
6. **Adolph Friedolsheim,** Sohn des Privatiers in Straßburg.
7. **David Ferrari,** Sohn des Gutsbesitzers aus Casalpusterlengo.
8. **Gustav Genth,** Sohn des Malers in Straßburg.
9. **Franz Hesselbart,** Sohn des Fabrikanten in Monteray (Mexico).
10. **Victor Kalmar,** Sohn des Kaufmanns in Preßburg.
11. **Julius Lauthier,** Sohn des Rentier in Alexandria (Egypten).
12. **Max Luger** aus Schweinfurt.
13. **Albert Mast,** Sohn des Schuldirectors in London.
14. **Friedrich Morgan,** Sohn des Kaufmanns in Cleveland (Ohio, Amerika.
15. **Johann Renz,** Sohn des Gutsbesitzers in Akjerman (Bessarabien).
16. **Eberhard Graf v. Reischach,** Sohn des † Generals in Ludwigsburg.
17. **Richard vom Rath,** Sohn des Kaufmanns in Amsterdam.
18. **Axel Schmiedte** aus Stockholm (Schweden).
19. **Paul Schömann,** Sohn des Privatier in Leipzig.
20. **Georg Wolmershausen,** Sohn des Fabrikanten in London.
21. **Friedrich Wolmershausen,** Sohn des Fabrikanten in London.
22. **Eugen v. Weinrich,** Sohn des Generallieutenants in Nürnberg.
23. **Hans Wielandt-Pauly,** Sohn des † Oberst in Basel.
24. **Leopold Weiß,** Sohn des Rentiers in Rechnitz (Ungarn).
25. **Wilfred Young,** Sohn des Capitains in Canterbury.

20. Jahresbericht
der Knabenerziehungsanstalt.
Cannstatt 1879

Professor Kloses Knaben-Institut in der Mergentheimer Straße
(links vorne).
Im Hintergrund das 1864 eröffnete Karl-Olga-Bad beim Kursaal.
Das Haus wurde im Zweiten Weltkrieg zerstört.

VII Schwabens Paradies: Cannstatt im 19. Jahrhundert. Eine Standortbestimmung.

1 Schwabens Paradies

Cannstatt, freundliche Oberamtsstadt im württembergischen Neckarkreis, renommirter Bade- und Luftkurort, liegt reizend in einer der schönsten und fruchtbarsten Gegenden und zugleich im Herzen des schwäbischen Landes, an dem hier schiffbar werdenden Neckar, nahe dem Vereinigungspunkt des Neckarthals mit dem Stuttgarter Thal, eine Stunde von der Hauptstadt entfernt, die mit ihrem Schlossgarten und den Parkanlagen der kgl. Schlösser Rosenstein und Wilhelma bis an den Neckar und an Cannstatt heranreicht. Hier erweitert sich die Gegend zu einem herrlichen Thal, auf drei Seiten von Hügeln umkränzt und gegen Süden offen, das mit seinen zahlreichen Gärten, Villen und Ortschaften den lieblichsten Anblick gewährt.

Cannstatt hat jetzt eine Bevölkerung von ca. 18 000 Seelen, davon etwa 16 000 Evangelische, 1500 Katholiken und 400 Israeliten. Cannstatt ist Sitz eines Oberamtes, eines Amtsgerichts, eines Haupt-Zoll- u. Steueramtes und sonstiger Behörden. An der Spitze der städtischen Verwaltung steht ein Oberbürgermeister. Cannstatt hat ein evangelisches und ein katholisches Pfarramt, vorzügliche Unterrichtsanstalten, worüber unten Näheres. Es herrscht hier rege industrielle Thätigkeit. Es bestehen eine Eisenbahn-Reparaturwerkstätte, Eisengiessereien und Maschinenfabriken, Fabriken für Feuerlöschge-

räthe, elektrische Beleuchtungsanlagen, für Baumwollzeuge, Corsetten, Tricotagen, Tabak etc.; ferner Bierbrauerei, Ziegelbrennerei, gute Landwirthschaft, vortrefflicher Wein- und Obstbau. Cannstatt hat ferner eine Gasanstalt und eine neuerbaute Wasserleitung, die vorzügliches Trinkwasser liefert.

Woerl's Reisehandbücher. Cannstatt 1877

Selbst das Auge eines vielgereisten und darum verwöhnten Touristen wird mit Wohlgefallen ruhen auf diesem schönen Fleck Erde, der seit alter Zeit den Namen »Schwabens Paradies« trägt; und letzteres will viel heissen, denn wir haben der schönen Punkte in unserem reichgesegneten Schwabenlande nicht wenige.

Cannstatt, Berg, Stuttgart. Wegweiser für Fremde. 1874

Unterhalb des Rosensteins führt ein Tunnel die Eisenbahn von Stuttgart her durch, und aus der Finsterniß der unterirdischen Straße an's Licht hervorkommend, sieht man sich plötzlich in die reizendste Gegend versetzt. Der Zug fliegt über den Neckar nach Canstadt, und entzückt ruht das Auge auf einem Thale, über welches eine südlichere Natur das Füllhorn ihres Segens ausgegossen zu haben scheint.

Gustav Schwab, Wanderungen durch Schwaben. 1851

Blick vom Kurpark auf Cannstatt (um 1855). Links im Hintergrund Villa Berg, in der Mitte die Umrisse von Stuttgart, rechts die Wilhelma.

2 Cannstatt eine überseeische Berühmtheit

Cannstatt ... ist auch über die Grenzen des engeren und weiteren Vaterlandes hinaus wohlbekannt, ja eine europäische und, wenn man will, überseeische Berühmtheit geworden. Kaum ist der Frühling in's Land gekommen, so füllt sich die Stadt mit Fremden aus aller Herren Länder; auf den Straßen und öffentlichen Vergnügungsplätzen redet's in fast allen Sprachen der gebildeten Welt; denn Deutsche, Schweizer und Holländer, Franzosen und Russen, Engländer und Amerikaner stellen ihr Contingent zur Schaar derjenigen, welche die Sommermonate hier zubringen, baden und trinken, sich ausruhen und erfrischen wollen. Aber nicht bloß im Sommer ist's gut sein in Cannstatt: gar mancher Fremde, der den ganzen Continent durchreiste, hat sich hier fesseln lassen und seinen bleibenden Aufenthalt in Cannstatt genommen. Besonders die angelsächsische Race von jenseits des Kanals und von jenseits des atlantischen Oceans hat in dieser Weise ihre Vorliebe für Cannstatt bekundet, angezogen durch das milde Klima und den landschaftlichen Reiz der Gegend, oder durch die trefflichen Heil- und Erziehungsanstalten, oder durch die geselligen Annehmlichkeiten.

Cannstatt, Berg, Stuttgart. Wegweiser für Fremde. 1874

Mit Cannstatt sind wir im Herzen des Landes, dem Mittelpunkt des Unterlandes, bei dessen Reizen schon die Römer das Heimweh nach dem sonnigen Italien vergaßen.

Karl Julius Weber, Reise durch das Königreich Württemberg. 1841

3 Angenehmer Wohnsitz

Kein Wunder, daß eine solche Stätte mit solchen Plätzen und Bildern zum Bleiben, zu Niederlassungen einlädt, wie das Cannstatt schon vor nahezu zwei Jahrtausenden gethan. Die Stadt ist das Buen Retiro der »Pensionäre« und solcher Familien geworden, die, was die Hauptstadt an Kunstgenüssen, Sehenswürdigkeiten und Annehmlichkeiten gewährt, zur Hand haben möchten, ohne doch die Nachteile einer Großstadt mit in Kauf nehmen zu müssen.

Durch Schwaben. Württembergische Wanderbilder. 1895

Das nämlich ist eine sehr rühmenswerthe Eigenschaft der Bewohner des Cannstatter Thales, dass sie überaus gemüthlicher, treuherziger und dienstwilliger Natur gegen Fremde sind, und doch wieder nicht aus allzugrosser Ueberschätzung der Vortheile, die ihnen dieselben bringen, in den Fehler der Unterwürfigkeit verfallen. Im Gegentheil wissen sie sich, bei aller Bescheidenheit und Höflichkeit, die Selbständigkeit des Urteils ganz gut zu wahren und wenn sie also auf der einen Seite jener Renommage, deren sich oft die Bewohner sehr unbedeutender Badeorte schuldig machen, durchaus fern bleiben, so weisen sie dagegen auf der andern Seite Anmassung und Rücksichtslosigkeit eben so entschieden zurück. Kurz, der Cannstatter benimmt sich gegen den Fremden so, dass letzterer, wenn er nur will, sich schnell heimisch fühlen wird, und es kann also sicherlich Niemanden schwer fallen, einen nach Stand und Gesinnung passenden Umgang zu finden.

Fremdenführer für Cannstatt, Berg und Umgebung. Cannstatt 1869

Blick auf Cannstatt vom Zuckerberg (um 1875)

Bewohner des ehemaligen
Oberamtes Cannstatt
in Volkstracht (um 1844)

4 Das Volksfest

Wenn Jemand am 27. und 28. September genügend hoch stationirt wäre, um ganz Schwaben wie eine Landkarte zu übersehen, so müßte dieser Jemand einen ganz merkwürdigen Anblick haben. Er müßte sehen, daß ganze Menschencarawanen, einzelne Gruppen, Fuhrwerke jeder Art und Benennung, endlose Eisenbahnzüge, Reiter, Fußgänger in allen denkbaren Radien dem Mittelpunkt des Landes, Stuttgart-Cannstatt, zustreben. Alle Wege zum »Wasen« sind bedeckt mit Menschen und Gefährten, die Eisenbahnverwaltung leistet Riesiges, jeder Bahnzug speit Hunderte und wieder Hunderte von Menschen aus, der Stuttgarter Droschkenkutscher wird immer gröber, der Fiaker immer verlotterter, sie setzen den letzten Athemzug ihrer Pferde daran, von dem Menschen- und Geldstrom möglichst viel in ihre Vehikel, beziehungsweise Taschen zu leiten, das Menschenreservoir der Hauptstadt hat sich in den »Wasen« entleert, zurückgeblieben sind nur Kranke und Gebrechliche, Säuglinge und Greise und solche, deren schwarzgallige Natur den Anblick so vieler heiterer Gesichter, den sinnverwirrenden, aber lustigen Lärm da unten nicht ertragen kann. Gegen 11 Uhr ist fast nicht mehr durchzukommen, eine halbe Stunde später füllt ein betäubendes, über den ganzen Festplatz hinrollendes Hoch! die Luft: der König und die Königin sind in den riesigen Circus eingefahren, wo außer den offiziellen Personen das sonstige, zu Tausenden auf den Bänken sitzende Publikum schon seit einigen Stunden in der Sonne schmort.

Die Damen sind in großer Toilette, die Herren in Uniform. Indessen nun hier die offizielle Seite des Festes Vorführung des Preisviehs, Auszeichnung der Aussteller, Besichtigung der Ausstellung etc. und schließlich auch die Wettrennen, sich abspielt, pulsirt außerhalb des Cir-cus in den durch Wirthschafts- und Krambuden, Menagerien, Kunstreitercircen, photographische Ateliers etc. gebildeten Gängen ein merkwürdiges Leben. Das ist ein Wogen, Treiben, Begrüßen, Dudeln, Singen, Schreien, Musiciren! Hier grölen die Besitzer von »Morithaten«, hier deklamiren Guckkastenmänner, dort laden mit Trommelwirbel und Trompenstößen Seiltänzer und Kunstreiter zum Besuch ihrer Arenen ein, die Taschenspieler und Schnurranten martern die Ohren mit allen erdenklichen Mitteln, der Homme-orchestre gibt die ganze Ouvertüre aus Martha zum Besten, der polnische Bär tanzt nach dem dumpfen Schlage der Pauke, das Dromedar läßt sein ungehobeltes Schnarchen und Gebrüll hören und in den Wirthschaftsbuden sind – gequält wie durch Muskito's von Violinisten, Harfenisten, böhmischen Musikern, Fulder Virtuosen, feuerverschlingenden Genies und anderen problematischen Naturen – vergnügungssüchtige Residenzler, Männer und Frauen aus der Provinz mit verschollenen Gewändern und eigentlich unmöglichen Toiletten beschäftigt, bei einer colossalen Kneiperei, bei Sauerkraut und »Spätzle,« Blutwurst, Schweinefleisch, neuem Bier und neuem Wein, Kuchen, Trauben, Käse und Nüssen, sich den Magen in nie geahnter Weise zu verderben.

Heinrich Ebner, Album von Cannstatt. 1868

Auf dem Cannstatter Volksfest (1844)

VIII Badeärzte und Heilanstalten

1 Heilanstalt für Orthopädie von Jakob Heine

Jakob Heine gründete 1829, mit finanzieller Unterstützung des Staates, Württembergs erste Heilanstalt für Orthopädie in Cannstatt. Für Cannstatt war dies die erste Heilanstalt überhaupt. Daß er Cannstatt als Ort wählte, hing mit den zahlreichen Mineralquellen zusammen, die er zur Behandlung seiner Patienten einsetzte. Seine Anstalt, die er bereits nach einem Jahr von einem Hintergebäude des Wilhelmsbades in einen großen Komplex in der Badstraße 11 bis 15 verlegen konnte, bestand aus einem Wohnteil mit 34 Zimmern, einem Speisesaal, Gymnastikhallen, Mineraldampf- und Duschbädern sowie einer weitläufigen Gartenanlage mit ca. 18000 m². An der Ostseite des Gartens, in der heutigen Bahnhofsstraße, lag das »Sulzbad«, dessen eisenhaltiger Schlamm durch Schaufelräder aufgerührt wurde, um die Heilwirkung zu verstärken – eine damals einzigartige Einrichtung. Bis zum Jahr 1864, als er sich zur Ruhe setzte, hatte Heine sich durch seine erfolgreichen Heilmethoden sowie durch seine wissenschaftlichen Forschungen einen bedeutenden Ruf erworben, der natürlich auch der Stadt zugute kam. Als Mitentdecker der spinalen Kinderlähmung lebt sein Name noch heute in der Medizin fort (Heine-Medinsche Krankheit).

Jakob Heine 1800–1879 (1856)

Am 25. Oktober reiste der junge russische Prinz Leuchtenberg-Romanoff von hier ab, nachdem es der Kunst des Geheimen Hofrats Dr. v. Heine gelungen war, denselben durch eine glückliche Operation von einem schweren Fußleiden vollkommen zu befreien.
Cannstatter Chronik 1853 von C. H. Beck

Garten der Heilanstalt (Ausschnitt), rechts Gymnastikhalle
(um 1834)

Garten der Heilanstalt (um 1840)

2 Heilanstalt für Haut- und Flechtenkranke von Albert Veiel

Zu den Persönlichkeiten, die entscheidend zum guten Ruf und Renommee Cannstatts im 19. Jahrhundert beigetragen haben, gehört Albert Veiel. Am 1. Juli 1837 eröffnete er in Cannstatt die erste Hautklinik Deutschlands (Ecke Waiblinger-/Seelbergstraße). Der Zuspruch war so groß, daß er bereits zwei Jahre später, 1839, das kleine, auf 12 Patienten angelegte Haus verlassen und in einen mit staatlichen Mitteln geförderten Neubau in unmittelbarer Nähe am Wilhelmsplatz (Ecke Bad-/Marktstraße) einziehen konnte. Das dreistöckige Wohn- und Krankenhaus bestand aus 40 Zimmern und diversen Badeeinrichtungen, die mit Wannen-, Dampf-, Dusch-, Staub- oder Rauchbädern versehen waren. Zur Behandlung wurden auch Neckarsturzbäder sowie eine individuell abgestufte Spezialdiät eingesetzt. Nach dem Tod des Gründers setzten seine Söhne die Arbeit und das Werk noch bis ins Jahr 1935 fort, als die Klinik aus verkehrstechnischen Gründen geschlossen wurde. Wie soviele andere Bauwerke aus der Badeära fiel auch diese einst so berühmte Klinik dem Zweiten Weltkrieg zum Opfer.

Unter der obigen Zahl von 4550 Kranken befanden sich Nicht-Württemberger 3185. Von den Ländern außer dem deutschen Reich waren es vorzugsweise die Schweiz, Belgien, Holland, Oesterreich, Frankreich, England, Rußland und Amerika, welche der Anstalt Kranke zuschickten. – In Betreff der einzelnen Formen kamen am häufigsten zur Behandlung: die nässende Flechte (Eczema) 1403, die trockene Schuppenflechte (Psoriasis) 763, Haut-Wolf (Lupus) 473, darunter Lupus erythema-
tosus 37, die Haut-Finnen (Acne) 300, Specifische Ausschlagsformen 291, Juck-Flechten (Prurigo) 195, Grind- oder Pustel-Flechte (Impetigo) 155, Bartflechte (Sycosis) 117, Kleien-Flechte (Pityriasis) 84, Fußgeschwüre 84, Scrophulöse Affektionen 80, Fischschuppen-Ausschlag (Ichthyosis) 52, Schwindflechte (Lichen) 38, Chronischer Blasenausschlag (Pemphigus) 22, Kahlkopfflechte (Alopecia) 22, Lepra 20, Chronische Nesselsucht (Urticaria) 16, Elephantiasis 12 etc.

Aus einem Prospekt der Heilanstalt von 1875

Albert Veiel 1806–1874 (1856)

Heilanstalt von Albert Veiel an der Ecke Badstraße (links)
und Marktstraße (1868)

3 Orthopädische Heilanstalt von Heinrich Ebner

Nur elf Jahre Bestand hatte die 1867 gegründete orthopädische Heilanstalt von Heinrich Ebner am Wilhelmsplatz (Ecke Seelberg-/Waiblingerstraße). Sie galt damals als »Bijou« unter den hiesigen Bade- und Heilanstalten, stellte sie doch an Eleganz und Modernität alles bisher in Cannstatt Gekannte in den Schatten. Das gesamte Anwesen ging 1878 – nach dem frühen Tod seines Gründers im Türkisch-Russischen Krieg – an die »Mechanische Gurten- und Bandweberei Gutmann & Marx über, die 1939 aus rassischen Gründen das Gebäude an die Stadt Stuttgart verkaufen mußten. Das traditionsreiche Haus, in dem der Dichter Leopold Marx (1889–1983) geboren wurde, fiel den Bomben des Zweiten Weltkriegs zum Opfer.

Besuchen wir einmal das »Vollbad«. In dem elegant mit feinem Geschmack eingerichteten Raum befindet sich umgeben von Tuffsteinen, aus denen Zierpflanzen, Gräser und Farne hervorsprießen, ein geräumiges, als kaltes und Mineralvollbad dienendes Marmorbassin. Durch einfache Drehung eines der Hahnen entspringt dem Felsen der reiche Quell frischen Mineralwassers, an Güte ähnlich dem der benachbarten sog. Sulz. Eine besondere Vorrichtung, durch welche der heiße Dampf an verborgener Stelle direkt in das Badewasser einströmt, gestattet jederzeit noch eine mäßige Erwärmung desselben. Neben dem Vollbassin, im gleichen Raum, befindet sich das eigentlich Douchebad. Der Badende steht auf einem vertieften Rost, durch den das verbrauchte Wasser sofort wieder abfließt. Das herniederstürzende Wasser kann man sich durch verschieden geformte Mundstücke als

Heinrich Ebner 1829–1878

vollen Strahl, als feinen Regen, als starker Tropfen, als scharfe Wasserdouche etc. applicieren; ein besonderer Gummischlauch und die aufsteigende Douche, die ihrer Wirkung halber besonders zu beachten ist, stellen die lokale Douche dar. Dem aufsteigenden Douchewasser kann überdieß jeder beliebige Wärmegrad gegeben werden.

Heinrich Ebner, Album von Cannstatt. 1868

Heilanstalt von Heinrich Ebner am Wilhelmsplatz (1868)

Kurgarten der Heilanstalt, rechts das Kesselhaus (1868)

Ein Blick in die Baderäume. Im Vordergrund Heinrich Ebner
mit seiner Frau Thekla Adelheid, geb. Baronesse von Driesen (1868)

4 Galvanisch-magnetische Heilanstalt von Theobald Kerner

Theobald Kerner, der einzige Sohn von Justinus Kerner, wurde am 14. Juli 1817 in Gaildorf geboren, wo sein Vater damals als Oberamtsarzt arbeitete. Der mit Justinus Kerner befreundete Ludwig Uhland war einer seiner Taufpaten. Nach seinem Medizinstudium in Tübingen, München, Wien und Würzburg ließ er sich in Weinsberg, wohin sein Vater inzwischen als Oberamtsarzt versetzt worden war, als Arzt nieder. Aufgrund seiner Teilnahme an der gescheiterten revolutionären Bewegung von 1848/49 mußte er nach Straßburg fliehen. Als eine seiner Schwestern schwer erkrankte, kehrte er zurück und wurde zu zehn Monaten Festungshaft auf dem Hohenasperg verurteilt.

Nach seiner Entlassung gründete er in Stuttgart eine vielbesuchte galvano-magnetische Heilanstalt, die er 1856 nach Cannstatt in die Badstraße (gegenüber dem Hotel Hermann) verlegte. Wenige Monate nach dem Tod seines Vaters 1863 zog er in das elterliche Haus nach Weinsberg, wo er weiterhin als Arzt praktizierte. Dort starb er hochbetagt am 11. August 1907.

Wenn auch nicht so bedeutend wie sein Vater, hat sich Theobald Kerner doch zu seinen Lebzeiten einen Namen als Dichter, Kinderbuchautor und vor allem als Herausgeber (»Das Kernerhaus und seine Gäste«; »Justinus Kerners Briefwechsel mit seinen Freunden«) gemacht.

Anzeige.

Um zweckdienliche galvanische Bäder anwenden zu können und auswärtigen Patienten den Aufenthalt so angenehm als möglich zu machen, habe ich meine galvanisch-magnetische Heilanstalt über die Sommermonate in das nahe gelegene Bad Cannstatt gegenüber dem Hotel Hermann & Formis verlegt und beginne daselbst am 15. Mai mit den Kuren.
Stuttgart, April 1856.

Dr. Kerner.

Theobald Kerner 1817–1907 (1852)

Theobald Kerner, Galvanismus und Magnetismus. Cannstatt 1856

Abbildung eines galvanischen Bades

IX Badhotels und Gasthäuser

1 Vom Hotel Frösner zum Hotel Hermann

An der Stelle, wo heute das Krankenhaus vom Roten Kreuz in der Badstraße 39 steht, befand sich ehemals eines der vornehmsten und bekanntesten Hotels von Württemberg im 19. Jahrhundert: Das Badhotel »Hermann«, dessen Ruf internationalen Klang hatte. Den Grundstein zu dessen Bedeutung hatte im Jahre 1812 der Arzt Johann Jakob Frösner gelegt, der eine bereits vorhandene Badeanstalt seines Vaters im Lauf der nächsten Jahre beträchtlich erweiterte und modernisierte. Sein 1821 fertiggestellter Gebäudekomplex bestand aus einem Hotel mit 106 Zimmern und einem Speisesaal mit 300 Plätzen, einem Badhaus mit 33 Ka-

binen, ein Konversationshaus, ein Ballhaus mit zwei Tanzsälen im Garten und Stallungen für 110 Pferde samt Wagenremisen. Der über 30000 qm große Badegarten war mit Baumgruppen und Alleen bepflanzt. Zur Unterhaltung der Badegäste waren mehrere kleine Lusthäuschen aufgestellt sowie Rutschen, Schaukeln, ein Kegelspiel, ein Karussel und ein Schießstand. Während der Badesaison bot in einem Pavillon im Garten eine Stuttgarter Buchhandlung deutsch- und fremdsprachige Bücher zur Ausleihe an und unterhielt gleichzeitig einen Salon littéraire sowie ein Lesekabinett. Im Jahre 1844 ging das Hotel in den Besitz von Carl Heinrich Hermann über, der es zusammen mit seinem Teilhaber Andreas Formis leitete und nochmals erweiterte. In seinen Glanzzeiten beschäftigte das mit nun 140 Zim-

HOTEL HERMANN

A CANNSTATT,

Hôtel — Bains — Café-Restaurant — Pension

pour ceux, qui voudraient faire un séjour d'hiver dans ce bains de Cannstatt d'autant plus favorisé par la proximité de la Résidence de la Cour Royale de Württemberg à Stoutgart, et par la sérènité et la douceur du clima de cette contrée.

HOTEL HERMANN

zu

Cannstatt,

Gasthof, Café, Restauration, Bade-Anstalt und Pension

für

Fremde, welche in dem anmuthig gelegenen, durch die Nähe der Residenz doppelt günstigen Badeort Cannstatt den milden Winter verbringen wollen.

Garten und Tanzsaal (um 1820)

mern ausgestattete Haus fast 50 Mitarbeiter. Für ankommende und abfahrende Gäste standen Tag und Nacht Kutschen und Chaisen bereit.

Zu den bekannteren Gästen des Hauses zählten unter anderem, neben zahlreichen Angehörigen des europäischen Adels, der französische Schriftsteller Honore Balzac, der schwäbische Erzähler Berthold Auerbach oder Paul Heyse, der Literatur-Nobelpreisträger des Jahres 1910. Auch der Dichter Ferdinand Freiligrath wohnte nach seiner Rückkehr aus dem Londoner Exil einige Zeit im Hotel Hermann.

Mit dem Verkauf des Hotels durch Hermann im Jahre 1871 neigte sich auch die Badeherrlichkeit Cannstatts zu Ende. Nach mehrmaligem Besitzerwechsel und einer Umgestaltung in ein Wohnhaus erwarb nach dem Ersten Weltkrieg das Rote Kreuz das Gebäude und richtete darin ein noch heute bestehendes Krankenhaus ein.

Cannstatt den 28 Mai. Unter den bis jetzt hier angekommenen Badegästen ist der berühmte französische Schriftsteller v. Balzac zu nennen. Er wohnt im Hotel Hermann und gedenkt mehrere Wochen sich daselbst aufzuhalten. Unter den angesagten Gästen ist Se. K. H. Herzog Maximilian in Baiern, der, wie im vorigen Jahre, gleichfalls im Hermannschen Bade seine Wohnung nehmen wird.

Schwäbische Chronik 30. 5. 1845

2 Ein Sonntagnachmittag im Hotel Hermann

Für die Nachmittage aber übt schon seit Jahrzehnten der große parkähnliche Garten des Hotel Hermann eine Anziehungskraft aus, und wir laden den Leser ein uns dorthin zu folgen. Zur bezeichneten Zeit spielt hier bei billigem Entree eine vortreffliche Militärmusikbande und das zu vielen Hunderten, aus allen Ständen herbeigekommene Publikum erfreut sich der Musik und der von der ausgezeichneten Wirthschaft gebotenen Erfrischungen. Es ist wahr: fast die gleiche Gesellschaft ist hier Nachmittags zu finden, die wir Morgens den Kursaal beleben sahen, aber es haben sich ihr einige Gesellschaftskreise nach oben und einige nach unten angeschlossen, denn der lebenslustige Reiche, der Morgens nicht aufstehen will, findet sich Nachmittags ein wie der ärmere Arbeitsmann, der nicht so bald aufstehen kann, weil er einmal in der Woche einer längeren Ruhe dringend bedarf. Man sitzt entweder an den Tischen unter die hohen, breite, tiefe Schatten werfenden Bäume, durch welche die Sonne da und dort grüngoldene Lichter sendet, oder man promenirt in den Kieswegen, grüßt Bekannte, mustert und kritisirt Unbekannte. Dieß ist der Ort, an welchem sich die Stuttgarter »Welt« im weitesten Sinne Sonntags Nachmittag zusammenfindet. Aber auch an Wochentagen ist der Garten sehr besucht, nur gehören dann die Besucher fast ausschließlich den höheren Ständen an. Dann hat die Scenerie besonders auf der vom Garten durch eine breite Fahrbahn getrennten »Terrasse« nicht das breit-demokratische des Sonntags. Sie ist aristokratischer, ruhiger, mit Einem Wort – feiner. Jetzt fahren prachtvolle Equipagen mit Damen in ausgesuchter Toilette ab und zu, elegante Reiter tummeln sich auf edlen Rossen und jede einzelne Gesellschaft scheint in ihrer Exclusivität zu den Gästen eines Grandseigneur zu gehören, welcher hier auf seinem Landsitze großartige Gastfreundschaft übt.

Heinrich Ebner, Album von Cannstatt. 1868

Vorderansicht des Hotel Hermann (1868)

Gartenansicht des Hotel Hermann (1868)

Im Garten des Hotels Wilhelmsbad (um 1880)

3 Hotel Wilhelmsbad

Tausend geputzte Damen
Das Ziel der lustigen Fahrt ist das erste Haus in Cann-
stadt; das erste Haus aber ist das Wilhelmsbad..
Aber du mein Gott! Wir haben uns verspätet; es ist schon
8 Uhr vorbei, wie können wir noch Platz finden? Der
Garten ist nicht klein, es ist sogar ziemlich groß; es ha-
ben vielleicht mehrere hundert Tische darin Platz; aber
wo noch mehr Tische hernehmen? und wenn's auch Ti-
sche gäbe, wie zu einem Sitze kommen? Es ist nichts un-
angenehmer, als stehen zu müssen, wenn Andere sitzen;
nur Eines ist unangenehmer, das Sitzenbleiben-müssen,
das letztere aber blos für Frauenzimmer...

Aber richtig, wir erhalten Stühle und einen Tisch; bald
dampft der Caffee vor uns, und wir lassen es uns herrlich
schmecken. Man glaubt gar nicht, wie angenehm der
Caffee ist, wenn man vorher ein Paar Gläser Wasser in
den nüchternen Magen gegossen hat. Das Wasser ist
unendlich naß, ich wenigstens kenne nichts Nässeres; der
Caffee erwärmt wieder, die blassen Wangen röthen sich,
die Farbe der Gesundheit und des Wohlbehagens kehrt
zurück. Nun haben wir Zeit uns umzuschauen. Welch' ein
buntes Gewimmel! Man glaubt in der That, an den fre-
quentesten Badeort verschlagen worden zu seyn, man
vergißt, daß man nur in Cannstadt ist. Tausend und noch
mehr geputzte Damen, alle in Weiß, alle in der Farbe der
Unschuld, wenn auch nicht der Jugend! Bekanntlich ist
die Jugend nicht mehr allein unschuldig, seit es alte
Jungfern giebt; oft ist die Jugend auch gar nicht unschul-
dig. Tausend und noch mehr Herren im schwarzen Galla-
kleide! So galant, als wollten sie eben zum Cotillon an-
setzen! Und wie alles durcheinander wogt! Da ein Be-
kannter, dort eine Base! Hunderte begrüßen sich, als

hätten sie sich schon Jahre lang nicht mehr gesehen, und
doch war's erst gestern, daß sie sich trennten! Aber in
keinem Lande giebt's mehr Vettern und Basen und in kei-
nem Lande grüßt man höflicher...

Carl Theodor Griesinger, Humoristische Bilder aus Schwaben. 1844

Neben dem Hotel Hermann war das Wilhelmsbad das bekannteste Badhotel in Cannstatt. 1817/18 in der heutigen Brunnenstraße erbaut, spielte es zwischen 1830 und 1868 unter seinem zweiten Besitzer, Major von Brandenstein, eine wichtige Rolle im Badeleben. Obwohl es zunächst nur über 24 Zimmer und 33 Badekabinette verfügte, waren vor allem der große Garten und die familiäre Atmosphäre ein beliebter Anziehungspunkt. Nach dem Abgang von Brandenstein verlor das Wilhelmsbad allerdings rasch an Bedeutung. In kurzer Zeit lösten sich sechs Gastronomen und zwei Heilanstaltsbetreiber als Pächter ab. 1889 kaufte schließlich die Stadt das Gebäude und verlegte das Gymnasium hierher. Der bedeutendste Schüler in dieser Zeit war Hermann Hesse, der von November 1892 bis Oktober 1893 hier die Schulbank drückte. Das Haus fiel gegen Ende des Zweiten Weltkriegs einem Luftangriff zum Opfer. An seiner Stelle steht heute die Brunnen-Realschule.

Hotel Wilhelmsbad (1868)

Badhotel Ochsen (um 1840)

4 Badhotel Ochsen

Neben dem Hotel Hermann und dem Wilhelmsbad war der Ochsen in der Brückenstraße 1 das dritte wichtige Badhotel. Im Jahre 1816 von einem viel besuchten Gasthof in ein Badhotel umgebaut, war es das erste Haus in Cannstatt, das seine 28 Badekabinette mit Hahnen für fließend warmes und kaltes Wasser verse-

hen ließ. Der Ochsen war auch die Geburtsstätte des Architekten und Griechenlandforschers Jakob Linckh (1787–1841), dessen Familie das Haus bis 1830 in Besitz hatte. Nach mehrmaligem Eigentümerwechsel wurde es 1851 als Gasthaus und Badhotel aufgegeben.

Hotel Garni Mertz (um 1868)

5 Hotel Garni Mertz

Aus kleinen Anfängen um die Mitte des 19. Jahrhunderts hervorgegangen, entwickelte sich das Hotel Garni Mertz in der Bahnhofstraße 20 zu einem vielbesuchten und beliebten Hotel-Gasthof (mit 24 Fremdenzimmern) in Cannstatt. Als der Oberamtsrichter und Verfasser des populären Gedichts »Im schönsten Wiesengrunde«, Wilhelm Ganzhorn, 1878 nach Cannstatt versetzt wurde, gab er bei Mertz ein Festessen für 200 Personen. Im großen Wirtschaftsgarten mit seinen Lauben, Kiosken und Volieren fanden vielbesuchte sogenannte italienische Nächte statt. Bis zu seiner Zerstörung im Zweiten Weltkrieg wurde das Haus unter verschiedenen Besitzern weitergeführt.

Hotel Bellevue (1868)

6 Hotel Bellevue

In unmittelbarer Nähe zum Hotel Garni Mertz wurde zwischen 1862 und 1864, als der Höhepunkt der Cannstatter Badeherrlichkeit fast schon überschritten war, von dem Stuttgarter Brauereibesitzer Bardili das mit 50 Fremdenzimmern ausgestattete Hotel Bellevue errichtet. Der große Bau erregte damals allgemeine Beachtung. Sogar König Wilhelm I. ließ es sich nicht nehmen, die Baustelle zu besichtigen. Nach seiner Fertigstellung wurde der prächtige Speisesaal sehr gelobt und auch der große Garten mit seinem Sommertheater war ein beliebter Treffpunkt. 1879 wurde das Hotel in »Vier Jahreszeiten« umbenannt, 1906 in »Hotel Schwabenbräu«. Bis zu seiner Schließung im Jahre 1984 war es der älteste Beherbergungsbetrieb in Cannstatt mit ununterbrochener Tradition.

X Badeleben

1 In's Bad! In's Bad!

In's Bad! In's Bad!
»Aber ich habe Geschäfte, unaufschiebbare Geschäfte!«
Pfui Satan; wer wird von Geschäften reden, wenn vom
Bade die Rede ist. Verschieben Sie Ihre Geschäfte, ernen-
nen Sie einen Stellvertreter, lassen Sie Alles liegen und
stehen, wie es liegt und steht, halten Sie um Urlaub an,
Herr, Sie müssen in's Bad …
»Aber warum muß ich denn gerade in's Bad? Könnte ich
nicht auch eine Reise machen?«
Nein, mein Herr, Sie müssen in's Bad und sollen keine
Reise machen. Sehen Sie, im Bade sammeln sich gegen-
wärtig alle Notabilitäten. Da lernen Sie Menschen ken-
nen, die Ihnen für die Zukunft nützen können. Da lernen
Sie Mädchen und Weiber kennen, von denen Sie, wenn
Ihre Frau einmal stirbt, später eine auswählen können.
Da sind Sie frei von allen Geschäften und gewöhnen sich
sogar an's Nichtsdenken, was bei Ihrer Carriere so noth-
wendig ist. Da erholen Sie sich von Ihren Strapazen,
kurz, da werden Sie ein Mann von Weltton, ein Mann der
Mode, ein gebildeter Mann …
Auch recht. Also Gott befohlen; im Bade sehen wir uns
wieder!!

Carl Theodor Griesinger, Skizzenbuch. 1844

2 Die Kur

Wie einfach nun auch, im Vergleich zu anderen Curorten,
das hiesige Badeleben überhaupt sich gestaltet, so hat
dieß gerade besondern Reiz für Gäste, welche Vergnü-
gungen mit Maß und Ziel, und eine schöne Natur lieben.
Wir wollen hier den Verlauf eines Tages anführen, wie
ihn in der Regel der Badegast hinbringt. Früh am Mor-
gen (spätestens 5 Uhr) begibt er sich nach dem ihm vom
Arzte vorgeschriebenen Brunnen, um seine gehörige An-
zahl Becher zu trinken, und im Vereine mit Bekannten,
die sich in Bädern leicht zusammenfinden, einen Spa-
ziergang durch eine der herrlichen Anlagen in der Nähe
zu machen. Nach Verlauf einer Stunde mäßiger Bewe-
gung, nach dem letzten Becher, begibt er sich in eine der
Restaurationen, um im Freien ein Frühstück, bestehend
aus Kaffee oder Chokolade, einzunehmen, und nebenbei
sich mit den Journalneuigkeiten zu beschäftigen. Zwei
Stunden später geht man in's Bad, nach diesem folgt das
eigentliche Morgenbrod, dessen Hauptwürze ein Schop-
pen guter Neckarwein seyn dürfte …
Nun folgt eine mehrstündige Ruhe auf den Zimmern bis
zum Mittagessen (hier um 1. Uhr). Die Nachmittags-
stunden benützt man zu kurzen Ausflügen in der Umge-
gend, oder zu Wasserparthieen, … es sey denn, daß man
an gewissen Tagen es vorzöge, die Gartenconcerte im
Orte selbst anzuhören. Viele Curgäste trinken in den
späteren Nachmittagsstunden nochmals Mineralwasser.
Die Abende lassen sich auf verschiedene Weise hinbrin-
gen.

Stuttgarts romantische Umgebungen. 1846

Die Straße zwischen Stuttgart und Berg in der Badezeit (1863)

Cannstatter Ansichten (um 1860)

3 Der Kursaal

Die eigentliche Entwicklung Cannstatts zu einem Badeort begann im Jahre 1773, als bei der Suche nach Kochsalz an der Stelle, wo heute der Kursaal steht, eine Mineralquelle, die sogenannte Sulzerrainquelle (später Wilhelmsbrunnen genannt), erbohrt wurde. Da der Salzgehalt zu gering war, diente die Quelle, der erste künstlich erbohrte Brunnen in Deutschland, zunächst nur als Antriebskraft für eine Ölmühle. 1787 wurde auf Veranlassung des damaligen Oberamtmanns von Cannstatt, Johann Friedrich von Seyffer, damit begonnen, die Quelle so herzurichten, daß sie auch zu Trinkkuren benutzt werden konnte. Seyffer ließ für die hier »wild« trinkenden Kurgäste Wege anlegen, Pappeln pflanzen und eine Bank aufstellen. Durch den Stuttgarter Hofrat Karl Friedrich Sick, einem der ersten regelmäßigen Besucher der Heilquelle, wurde die Anlage 1814 weiter verschönert und ausgebaut.

1819 erhielt der Hofbaumeister von König Wilhelm I., Nikolaus Friedrich von Thouret, den Auftrag, die Quelle neu zu fassen und neben der Ölmühle einen runden Pavillon mit Strohdach zu erstellen: die ersten Anfänge des Kursaals in Cannstatt. Nach dem Ankauf und dem anschließenden Abbruch der Ölmühle durch den 1821 gegründeten Brunnenverein war der Weg schließlich frei für eine großzügige Neugestaltung der gesamten Sulzerrainanlage. Im April 1825 erfolgte die Grundsteinlegung für das klassizistische Kursaalgebäude nach einem Plan von Thouret. Obwohl bereits 1825 das Mittelgebäude, die Rotunde, fertig war, zog sich der Ausbau der Flügel- und Nebengebäude bis 1843 hin. Links vom Kursaal stand ein Restaurationsgebäude, rechts ein Wohngebäude für den Pförtner und Wasserpächter.

Der Kursaal, das Herzstück der gesamten Sulzerrainanlage, war ein langgestreckter, einstöckiger Saalbau mit ca. 66 m Länge und – einschließlich des Hauptgesimses – 7 m Höhe. Der Saal selbst war 49 m lang und 12 m breit. An seinem Nord- und Südende lagen zwei Vorräume, deren Decken, wie die des Saales, reich mit Kassetten geschmückt waren. An der einen Längswand des Saales konnte man landschaftliche Darstellungen berühmter Bäder nach Thourets Entwürfen sehen. Leider sind diese schönen Ansichten im Jahre 1889 in »banale Landschaftsbilder« umgeändert worden.

Nach seiner Fertigstellung entwickelte sich der Kursaal schnell zum eigentlichen Mittelpunkt des Badelebens. Als »Treffpunkt der eleganten Welt« bezeichnet, wurde er in zahlreichen zeitgenössischen Schilderungen gerühmt und gepriesen: »Dies ist der anmutigste und der Lieblingsplatz der Kurgäste, der sowohl Morgens, als auch an schönen Sommerabenden die glänzendste Gesellschaft versammelt.« Auch nach dem Niedergang des Badelebens behielt der Kursaal seine Funktion als gesellschaftlicher Treffpunkt bei. So fanden hier regelmäßig Vereinsfestlichkeiten, Hochzeiten, Konzerte oder auch Parteiveranstaltungen und Ausstellungen statt. Im Zweiten Weltkrieg zum größten Teil zerstört, wurde der Kursaal 1949 nach seiner Instandsetzung wieder eröffnet.

Pavillon von Thouret am Sulzerrain (um 1820)

Der Kursaal um 1830

Ein Besuch am Kurbrunnen (1824)
Bin heute morgen zum ersten Male am Brunnen gewesen.
Er liegt am Fuße eines Hügels, den hinauf sich anmutige
Baum- und Blumenwege schlängeln. Die Quelle bedeckt
ein ländliches, aber zierliches Säulendach; aus acht
Röhren strömt das Wasser. Wäre dieser Gesundbrunnen
nur für Dilettanten und nicht für Kranke vom Fache?
Oder heilte das Wasser so schnell? Ich bin noch in kei-
nem Bade so vielen blühenden Gesichtern begegnet, und
habe noch nirgends so rote süße Mädchenlippen Sauer-
wasser trinken sehen. Aber wie ich höre, sind es keine
Gäste, sondern Einheimische, die jeden Morgen aus der
Stadt kommen. Was nur die lieben Kinder mit noch mehr
Gesundheit machen wollen!

Ludwig Börne, Nachgelassene Schriften. 1863

4 Ein Sonntagmorgen in Cannstatt

Ein Sonntagmorgen in Cannstadt.
An einem Sonntagmorgen, in den Monaten Juli und Au-
gust begebe man sich in Stuttgart in aller Frühe an den
Platz, wo die Fiacres stehen, die von Cannstadt nach
Stuttgart hin- und herfahren. Es ist zwischen 5 und
6 Uhr. Der Himmel hat ein blaues Kleid angezogen, die
Menschen aber, die hier an dem Waisenhausplatze zu-
sammenströmen, ein weißes. Was giebt es denn? Wo ist
denn Hochzeit? Umsonst werden sich die Herren und
Damen doch nicht geputzt haben? Ganz und gar nicht;
es ist heute Sonntag und man muß nach Cannstadt. Ein
Frack ist ein nothwendiges Uebel; ohne einen Frack hat
man in keiner modern gebildeten Gesellschaft Zutritt,
und es ist Jammerschade, daß die Damen nicht auch
Fracks tragen. Aber noch nothwendiger als ein Frack ist
die Anwesenheit in Cannstadt an einem Sommer-Sonn-

tagmorgen. Wer nicht dahin geht, hat weder Geschmack,
noch Bildung...
In Cannstadt sieht man sich nicht um. Das Ziel ist nahe,
es ist die Sulzerrainquelle ...
Hier ist der Sammelplatz der schönen und vornehmen
Welt. Stuttgarter, Cannstadter, Badgäste – Alle in bun-
ter Masse untereinander gemischt. Wer eigentlich Bad-
gast ist, kann man nicht unterscheiden; und dieser Punkt
ist es eben, worauf die Stuttgarter es abgesehen haben. Ist
es denn nicht natürlich, daß bei der jetzigen Badereise-
wuth kein Mensch mehr mit Ehren bestehen kann, der
nicht alle Jahre in ein Bad geht? Eine Badereise ist jetzt
so nothwendig, als ehemals eine Frau. Leider aber hat
nicht Jedermann Geld und absonderlich nicht genug
Geld, um in die Ferne ziehen zu können. Was thut er nun,
er geht am Sonntagmorgen nach Cannstadt. Wer kann's
ihm da ansehen, daß er nicht Badgast ist?

Carl Theodor Griesinger, Humoristische Bilder aus Schwaben. 1844

Der Wilhelmsbrunnen hinter dem Kursaal (1868)

Der Kursaal und die Sulzerrainanlagen um 1845

XI Badegäste

1 Badegäste und Passanten

Seit 1790 wurden in Cannstatt sogenannte Kurgastlisten veröffentlicht. Der Abdruck erfolgte meist in der »Schwäbischen Chronik« oder auch in eigenen Bade-Blättern und Bade-Chroniken. Obwohl die Listen nicht immer vollständig sind, da z. B. manche der Badegäste anonym bleiben wollten, geben sie doch einen guten Eindruck von der Entwicklung der Kurgastzahlen. Hielten sich 1790 140 Badegäste hier auf, so stieg diese Zahl nach dem Wiener Kongreß sprunghaft an. Im Jahre 1821 zählte man bereits 633, im Jahre 1845 1684 Badegäste. Den Höhepunkt des Badelebens erlebte Cannstatt zwischen 1868 und 1872, als zeitweilig fast 3500 Kurgäste hier logierten. Zu den regulären Badegästen kam immer noch eine beinahe gleichhohe Anzahl sogenannter »Passanten« hinzu, also Gäste, die sich nur einen oder zwei Tage zum Kuren in der Stadt aufhielten. Verglichen mit den Bevölkerungszahlen (z. B. 1869: 9354; 1875: 14948) erreichte der Anteil der Fremden somit während der Blüte des Badelebens annähernd 50 %. Den Hauptanteil der Gäste beherbergten das Hotel Frösner/Hermann sowie die anderen Badhotels und Gasthäuser. Daneben gab es aber noch zahlreiche Privatunterkünfte in der Stadt, sei es bei einem Handwerker oder bei den Honoratioren wie Bürgermeister, Stadträte, Oberamtsarzt, Beamte oder Apotheker.

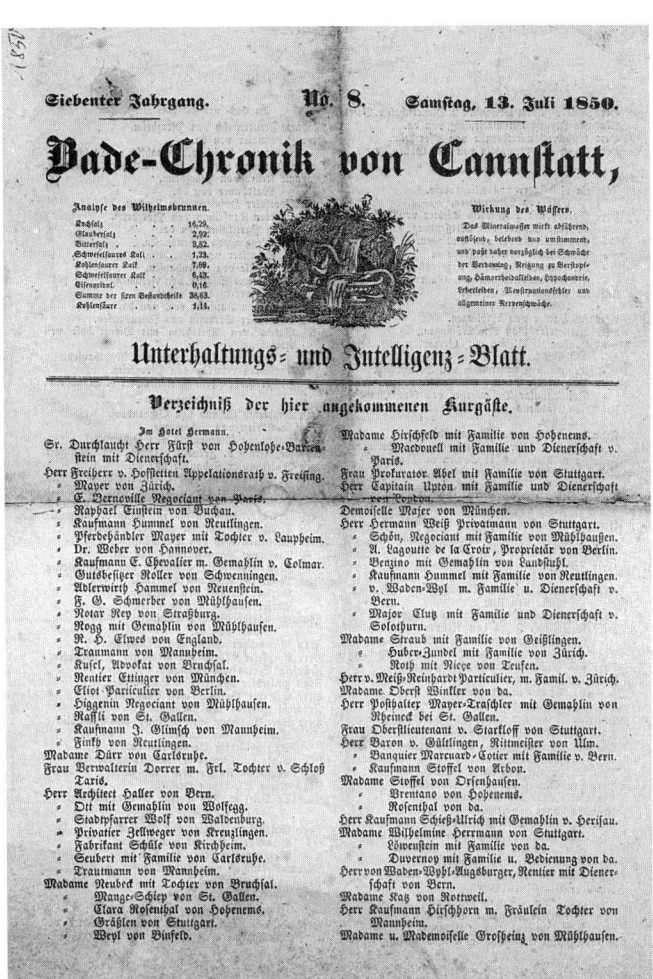

Bade-Chronik von Cannstatt vom 13.7.1850

Bahnhof und Bahnhofstraße (1868)

2 Das Wilhelma-Theater

*Als zweite Sehenswürdigkeit und nicht geringes He-
bungsmittel für die geistigen Genüsse der Brunnengäste
können wir das Theater betrachten, welches Cannstatt
der besondern Munificenz Sr. Majestät des Königs ver-
dankt; von dem Architekten Dr. Zanth in kleinem, aber
gefälligem Maaßstabe erbaut, eignet es sich ganz besonders für Conversationsstücke, Operetten, Singspiele etc.
und erfreut sich einer bedeutenden Frequenz. Es umfaßt
in seinem kreisrunden pompejanisch bemalten Saale
Parterre, Hoflogen und zwei Gallerien, und gestattet im
Durchschnitt etwa 600 Personen den Zutritt.*

Karl August Abele, Cannstatt als Kurort. Cannstatt und Stuttgart 1844

Um die Attraktivität des Badeortes zu erhöhen, ver-
suchte der Brunnenverein Cannstatt die Einrichtung einer Spielbank bei König Wilhelm I. zu erwirken. Der König, um die Moral seiner Untertanen besorgt, lehnte das
Gesuch ab und ließ stattdessen durch den Architekten
Karl Ludwig Wilhelm von Zanth (1796–1857) das sogenannte Wilhelma-Theater errichten. Die Einweihung
fand am 29.5.1840, dem Namenstag des Königs, mit
der Balett-Pantomime »Der Zauberschlaf« statt. Aber
schon sieben Jahre nach der Eröffnung wurde das

Das Wilhelma-Theater (um 1850)

Theater »wegen mangelndem Interesse« wieder geschlossen. Dazu kam noch, daß dem sparsamen König die Unterhaltskosten zu hoch geworden waren. Fortan wurde es nur noch für Festlichkeiten des Hofes benutzt und verfiel nach dem Tod König Wilhelms I. in einen längeren Dornröschenschlaf.

Erst ab 1900 fanden wieder öffentliche Aufführungen statt, bis das Theater im Jahre 1929 erneut geschlossen wurde. Nach dem Zweiten Weltkrieg diente es zeitweise als Kino. Dann kam es aus feuerpolizeilichen Gründen zu einer vorläufig letzten Schließung. Nach einer grundlegenden Restaurierung und Renovierung öffnete das Theater im Dezember 1987 wieder seine Pforten zu einer neuen Wiedergeburt.

3 Berthold Auerbach als Kurgast

Der russische Anarchist Michail Bakunin wollte ihn nach einer siegreichen Revolution ohne Barmherzigkeit aufhängen. Sein Landsmann, der Dichter Leo Tolstoi, dagegen verehrte ihn als einen Apostel der Menschheit. Die Rede ist von einem der populärsten deutschen Erzähler des 19. Jahrhunderts: Berthold Auerbach (1812–1882). Seine 1843 erstmals erschienenen »Schwarzwälder Dorfgeschichten« wurden von Anfang an mit so allgemeiner Zustimmung wie nur wenige Bücher begrüßt und machten den Autor zu einer Berühmtheit seiner Zeit.

Obwohl Auerbach, der in dem kleinen Dorf Nordstetten bei Horb geboren wurde, den größten Teil seines Lebens außerhalb Württembergs verbrachte, unter anderem in Berlin und Dresden, zog es ihn regelmäßig in seine Heimat. So kam er von 1869 bis zu seinem Tod fast jedes Jahr als Kurgast nach Cannstatt, wo er das erste Haus am Platz, das Hotel Hermann, als Quartier wählte.

Noch zu Lebzeiten von Auerbach wurde im Kurpark eine Linde zu seiner Ehre gepflanzt und nach seinem Tode, 1909, sogar ein Denkmal bei der Auerbach-Linde aufgestellt. Dieses Denkmal wurde vermutlich im Zweiten Weltkrieg im Zuge der Metallsammlung eingeschmolzen. Seit 1952 steht an gleicher Stelle die Kopie eines Marmormedaillons.

Ganz von humanitären Ideen erfüllt war Auerbach zugleich ein guter Deutscher und er war ein guter Schwabe. Er hat, obwohl sein äußeres Leben ein unstätes war, obwohl er abwechselnd in Mainz und Dresden, Weimar und Leipzig, Breslau und Berlin lebte, doch der Heimat immer eine treue Anhänglichkeit bewahrt. Fast alljährlich durfte man ihn, die kleine Gestalt mit den freundlichen, klugen Augen, in der Heimat begrüßen, und wo er auswärts einen Schwaben traf, durfte dieser stets der freundlichsten Anrede und Aufnahme gewärtig sein. Cannstatt war ihm Jahrelang ein lieber Erholungsort, dort ist auch sein Andenken durch die Benennung eines Punktes im Kurgarten verewigt. Nach Cannstadt war er auch im Beginn dieses Winters gekommen, als er von bedrohlicher Krankheit ergriffen wurde, und dort waren seine Kräfte wieder soweit gestärkt worden, daß er die Reise nach dem Süden unternehmen konnte, wo ihn statt der Genesung ein Rückfall der Krankheit traf, und wo er nun sein Grab gefunden hat, auf welches wir diesen rasch gepflückten Kranz niederlegen.

Schwäbische Chronik vom 10.2.1882

Das ehemalige Auerbach-Denkmal im Kurpark von Cannstatt

89

4 Eine Ehrung für Berthold Auerbach

Auerbach hatte kurz nach Ausbruch des Deutsch-Fran-
zösischen Kriegs im Juli 1870 ein Flugblatt unter dem Ti-
tel ›Was will der Franzos, was will der Deutsche?‹ veröffentlicht. Daraufhin brachten Cannstatter Bürger dem
Dichter, der sich zu dieser Zeit hier aufhielt, im Garten
des Hotel Hermann vor seinem Zimmer ein Ständchen
dar.

Cannstatt den 5. Aug. »*Berthold Auerbach, welcher seit
einigen Tagen hier weilt, wurde letzten Dienstag Abend
von der Concordia und gestern Abend von der Kurka-
pelle für seine ächt deutsche Haltung, die er soeben in
dem »Was will der Franzos? und Was will der Deutsche?« überschriebenen ganz in der Sprache und aus der
Seele des Volkes gesprochenen Artikel im schwäb. Mer-
kur beurkundet hat, ein Ständchen gebracht, wobei sich
eine große Menge Theilnehmer vor der Wohnung desselben im Hotel Hermann einfand. Seine Ansprache an die
Hunderte von Anwesenden endete mit einem »Hoch
Deutschland« u. rief einen kaum zu beschreibenden
Sturm von Beifallsbezeugungen hervor. Mit Begeiste-
rung wurde das Arndt'sche Lied, die Wacht am Rhein,
Ich hatt' einen Kameraden, vorgetragen von der Kurka-
pelle und letzeres begleitet vom Gesang des gesamten anwesenden Publikums, aufgenommen. Daß von mehreren
Seiten Toaste auf den anwesenden berühmten Gast aus-
gebracht wurden, braucht, weil selbstverständlich, kaum
bemerkt zu werden. –*

Schwäbische Chronik vom 6.8.1870

Was will der Franzos?
und
Was will der Deutsche?

Mitbürger!

Der Verfasser dieser in öffentlichen Blättern abgedruckten wahrhaft patriotischen Rede,

Berthold Auerbach,

weilt in unserer Mitte. Wir wollen daher nicht unterlassen, diesem ächten deutschen Manne
unseren Mitgefühlen vor seiner Wohnung,

Hotel Hermann,

durch eine Serenade, heute Abend gegen 10 Uhr,

innigen Ausdruck zu geben.

Cannstatt, 4. August 1870.

Druck von Louis Boßheuzer's Buchdruckerei, Cannstadt

Plakat mit dem Aufruf zur Ehrung Auerbachs in Cannstatt

XII Der Kurpark von Cannstatt –
einst Kleinod gartenarchitektonischer Baukunst

Die Gestaltung des Sulzerrains als Parkanlage, mit dem Ziel, die Attraktivität des Kuraufenthalts zu erhöhen, begann um 1819 mit der Errichtung eines Rindenpavillons über der Sulzerrainquelle, etwa dort, wo heute das Kurparkgebäude steht. 1821 wurde darauf in einem weiteren Schritt als Verbindung vom Hotel Wilhelmsbad zur Sulzerrainquelle eine doppelreihige Promenadenallee angelegt mit links und rechts je einem Gehweg sowie einem Fahrweg in der Mitte.

Erst 1835 stand das Kursaalgebäude, von Thouret entworfen, vollendet anstelle des einstigen Rindenpavillons.

Mit großzügiger finanzieller Unterstützung durch König Wilhelm I. begann der schwierige und oft nur mit Hilfe von Sprengungen zu bewerkstelligende Wegebau und Parkausbau am Steilhang des Sulzerrain, um die daran anschließende Hochfläche für eine weitere Parkgestaltung zu erschließen.

Der Parkausbau hinkte jedoch aufgrund ständig knapper Geldmittel, sowie schwierigem Geländeerwerb dem Kur- und Badebetrieb deutlich hinterher.

So war das Kurgastaufkommen, als der Park um 1915 in vollster Blüte stand, bereits mit dem Tode König Wilhelms (1864) deutlich zurückgegangen.

Der Kurpark in seiner Gestalt von 1915 verband in einer originellen und harmonischen Weise die Park- und Gartengestaltungsmerkmale dreier Epochen:

I. Den strengen klassizistischen Stil mit Ensemble von Kursaalgebäude und axial dazu verlaufender Allee

II. Den an der Natur orientierten, verspielten Gestaltungsstil der Romantik, ersichtlich im linken Teil der unteren Anlage sowie in der oberen Anlage
   – an den sanft, organisch geschwungenen »Brezelwegen«
   – an naturhaft gebauten Häuschen aus Knüppelholz, wie das Schweizerhäuschen oder das Bechsteinhäuschen, sowie kleinen Brücken oder Geländern aus Knüppelholz
   – an charakteristischen Pflanzschemas von Bäumen wie in der oberen Anlage auf der Achse zwischen Stifterpavillon und den südlich liegenden Sitzplätzen:
   hier verliehen staffageartig vor- und zurückspringende Gehölzgruppen auf der Wiese dem Raum eine endlose Weite und ließen ihn gleichsam atmen
   – an der Verwendung von Wasser in natürlich orientierter Weise, wie dem Wasserfall
   – an der Einbeziehung des natürlicherweise vorkommenden Travertinfels in die Parkgestaltung in Form eines Steingartens

Unterer Teil des Kurgartens mit Kursaal

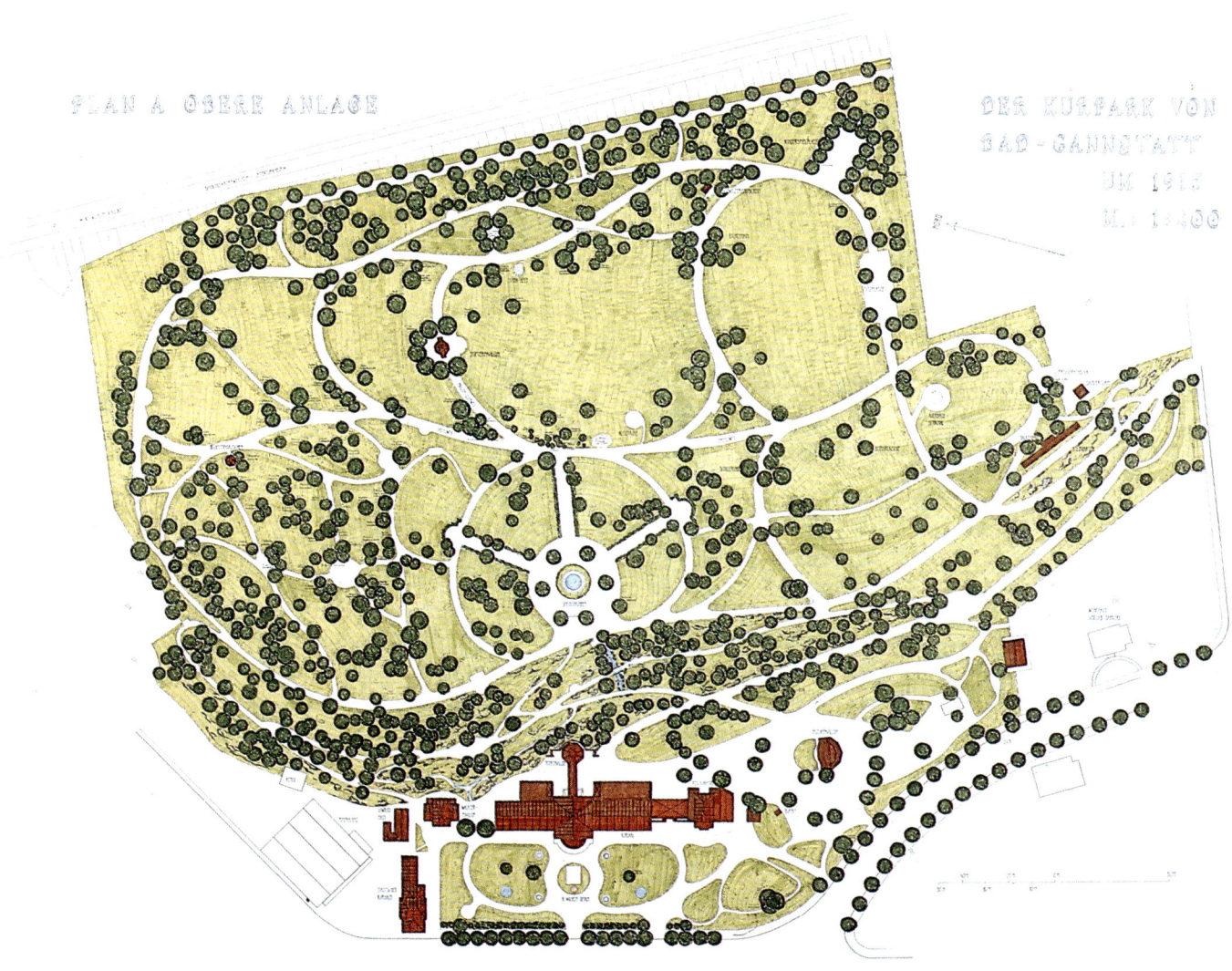

Der Kurpark von Bad Cannstatt um 1915 (Oberer Teil)
Rekonstruktion: Michael Bott, Garten- u. Landschaftsarchitekt
M 1:400

III. Den Park- und Gartengestaltungsstil im Zeitalter des Jugendstils, ersichtlich vor allem im rechten Teil der unteren Anlage
  - an streng geometrisch angelegten Einzelparzellen wie z. B. dem Junobrunnen
  - an ornamental-geometrischen Blumenbeeten
  - an dem Vorhandensein des aus weißem Lattenwerk bestehenden Laubengangs, sowie des Pavillons der Vierjahreszeiten im linken, unteren Teil der unteren Anlage.

Um 1960 wurde der in seinem Charakter einzigartige Kurpark in Deutschland vollkommen umgestaltet im schematisierten Stil der 60er Jahre. Die Kursaalallee, einst Promenadenallee und Mittelpunkt der Kurgäste, somit kultureller Mittelpunkt Bad Cannstatts im 19. Jahrhundert, wurde entfernt, das Ensemble Kursaalgebäude und Kursaalallee damit zerstört.

(Michael Bott)

Der Kurpark von Bad Cannstatt um 1915 (Unterer Teil)
Rekonstruktion: Michael Bott, Garten- u. Landschaftsarchitekt
M 1:400

XIII Niedergang des Badelebens

Von der Badestadt zur Fabrikstadt

Seit etwa 1860 hatte sich Cannstatt aufgrund der zentralen und verkehrsgünstigen Lage zu einem bedeutenden Industriestandort entwickelt. Fast parallel dazu setzte auch der allmähliche Niedergang des Badelebens ein. Welche Gründe im einzelnen dafür ausschlaggebend waren, daß die glanzvolle Badeära zu Ende ging, läßt sich nicht eindeutig feststellen. Sicherlich trug die beginnende Industrialisierung einen Teil dazu bei, denn schon rein äußerlich begann sich dadurch das Erscheinungsbild der Badestadt einschneidend zu verändern. So kann man über diese Entwicklung in der Festschrift anläßlich der Einweihung der König-Karls-Brücke im Jahre 1893 lesen: »Als Fabrikstadt nimmt Cannstatt heute eine der ersten Stellen im Lande ein. Seine zentrale Lage im Herzen des Landes, an den bedeutendsten Eisenbahnlinien, die großen Wasserkräfte des Neckars und die dichte Bevölkerung seiner Umgebung, welche Arbeitskräfte genug liefert, begünstigen die Anlagen von Fabriken so sehr, daß eine ganze Reihe von zum Teil großartigen Etablissements hier entstanden sind.«

Zwei Jahre später zieht die Oberamtsbeschreibung ein ähnliches Resümee: »In den letzten Jahrzehnten hat sich die völlige Umwandlung der Stadt aus einer Badestadt in eine Industriestadt vollzogen.«

Einen Weltruf hat sich sodann bereits die noch junge »Daimler-Motorengesellschaft«, Aktiengesellschaft und Cannstatt mit ihrer Fabrikation von Gas-, Benzin-und Petrolmotoren und Motorfahrzeugen (Motorwagen, Motorschiffe etc.) geschaffen. Das Geschäft wurde im Jahre 1890 gegründet zwecks der Ausbeutung und Verwertung der von Ingenieur Daimler in Cannstatt gemachten Petroleum- und Gasmotoren-Erfindung. Diese Motoren, welche sowohl für die Kleinindustrie als auch für die landwirtschaftlichen Betriebe heutzutage eine nahezu unentbehrliche Hilfskraft geworden sind und z. B. im Molkereiwesen eine größere Verwendung gefunden haben, werden von der Firma nicht nur in die Länder des Kontinents abgesetzt, sondern auch nach allen überseeischen Ländern exportiert, und es finden namentlich die Schiffsmotoren, unter welchen die von Daimler gefertigten allgemeines Aufsehen erregt haben, immer größere Verwendung. Eine Spezialität, welche erst durch die Daimlersche Erfindung möglich war, sind durch Motorkraft bewegte Fahrzeuge für Schienen und gewöhnliche Straßen, deren Ausbildung nunmehr so weit vorgeschritten ist, daß dieselben bereits auf einzelnen Strecken der württ. Staatseisenbahnen versuchsweise eingeführt sind.

Beschreibung des Oberamts Cannstatt 1895

1887 fuhr zwischen dem Wilhelmsplatz und dem Kursaal der von Gottlieb Daimler konstruierte damals »kleinste Eisenbahnwagen der Welt«. Der Niedergang von Cannstatt als Badeort ließ sich aber dadurch nicht aufhalten. ▶

Auf dem Wege zum Cannstatter Kursaal.

Maschinenfabrik Decker (1868)

Die Maschinenfabrik ›Gebrüder Decker & Co‹ wurde im Jahre 1864 gegründet und entwickelte sich bald zum größten Industriebetrieb am Ort mit einer Beschäftigungszahl von fast 800 Arbeitern. 1882 ging der gesamte Betrieb in den Besitz der Maschinenfabrik Esslingen über, die aber den Standort beim Bahnhof beibehielt.

Daimler-Lastwagen mit Riemengetriebe, 1896

Fol. 164 11

Gottlob Epple

INHABER
AUG. EPPLE & EUG. HENNINGER.

CANNSTATT

SCHUTZ- G.E.C MARKE

FABRIK
chem. techn. Produkte
animal. Oele u. Fette
Harzdestillation, Pechsiederei.
Oelraffinerie

Gegründet 1873

FABRIK.

THERM. VERNICHTUNGS-ANSTALT.

Weitere industrielle Etablissements sind: Elsass & Co., Buntweberei in baumwollenen und halbwollenen Stoffen; Gutmann & Co., Corsettweberei für Export; Wagner & Eisenmann, Kesselfabrik; M. Müller, Maschinenfabrik, Mühleneinrichtungen; F. W. Müller, Metallgiesserei, Feuerspritzen und Pumpen; Russ & Co., Schrift-, Metall- und Ornamentengiesserei; O. Pappenheimer, Kleiderfabrik; W. Munder, Kunstanstalt für Oelfarbendruck; Gebrüder Stern, Tabaksfabrik, ein schon altes und renommirtes Geschäft; Kahn & Frankfurter, mechanische Zwirnerei, Stück- und Strickgarn in Baumwolle und Halbwolle; Zöppritz & Cantz, Corsettfabrik; Caspar, Gussstahlfabrik; Käferle, Maschinen, lith. Patent- und Schnellpressen; Elterich, Maschinenwerkstätte; Hesser & Geiger, mech. Werkstätte; Grupp & Streicher, Eisengiesserei; Hch. Wellge, Metallgiesserei; Mahle & Bausch, Maschinen für Chocoladefabriken; Ravenschlag, Kratzenfabrik; A. Dietrich, Goldkettenfabrik; Stephan & Friedrich, Beschlägefabrik; J. F. Fuchs, Werkzeugfabrik; W. Rupp, sichere Geldschränke; Supper, Nähmaschinen; A. Scholl, Fabrik künstl. Mineralwasser; Zerwegg, homöopathische Centralapotheke, concentrirtes Cannstatter Mineralwasser; Atz, Corsettfabrik; Buohl, Knäbel, Baumwollwebereiwaaren; Strauss & Co., Bettfedern und Flaum; Idler, Gypsgeschäft; Jul. Keppler, Gypsmühle; Schmid, Ziegelei und Cementarbeiten; Wildermuth, Kunstmühlebetrieb auf der Stadtmühle; Württ. Druckfarbenfabrik; Cannstatter Druckfarbenmanufaktur.

(Cannstatt, Berg, Stuttgart. Wegweiser für Fremde. 1874)

XIV Cannstatter Namen

1 Wilhelm Bernhard Molique
(1802–1869)

»Da spielt der Molique, der solch eine rasende, kalte Fertigkeit hat, solch tollkühne Sprünge machen kann, daß er berühmt wäre, wenn er anderswo lebte.«
Brief von Felix Mendelssohn-Bartholdy vom 15.2.1832 aus Stuttgart an Karl Friedrich Zelter

Wilhelm Bernhard Molique gehört zu der großen Anzahl von Musikern des 19. Jahrhunderts, die – im Schatten der großen Meister – schnell vergessen und leider auch von späteren Generationen unterbewertet wurden. Zu seinen Lebzeiten wurde Moliques Kunst als international konzertierender Geiger ebenso wie als Komponist von Autoritäten wie Robert Schumann, Felix Mendelssohn-Bartholdy, Eduard Hanslick, Joseph Joachim oder Hans von Bülow gerühmt. Letzterer nannte z.B. das Klavier-Trio op. 27 ein »wahrhaft vollendetes Kunstwerk«, das er denen von Schubert und Schumann vorziehe.

Nach Studien- und Orchesterjahren in München und Wien war Molique 1826 zum Musikdirektor und Konzertmeister am Stuttgarter Hoftheater ernannt worden. Von dort aus konzertierte er in vielen Städten Europas mit glänzendem Erfolg. 1849 siedelte er nach London über und zählte dort zu den angesehensten Musikern. 1866 kehrte er wieder nach Deutschland zurück und ließ sich in Cannstatt, Wilhelmstraße 1, nieder. Dort starb er am 10.5.1869 und wurde auf dem Friedhof der Uff-Kirche begraben.

W. B. Molique (1840)

2 Ferdinand Freiligrath (1810–1876)

» ... *Wir sind eben aus Stuttgart in die frischere Neckar-luft von Cannstatt herübergesiedelt*«.
Brief von F. Freiligrath vom 29.7.1874 an Julius Wolff.

Brief vom 3.9.1874 von Ferdinand Freiligrath an Berthold Auerbach, der sich damals bei seiner Schwester und seinem Schwager in Plüderhausen im Remstal aufhielt. (Deutsches Literaturarchiv Marbach)

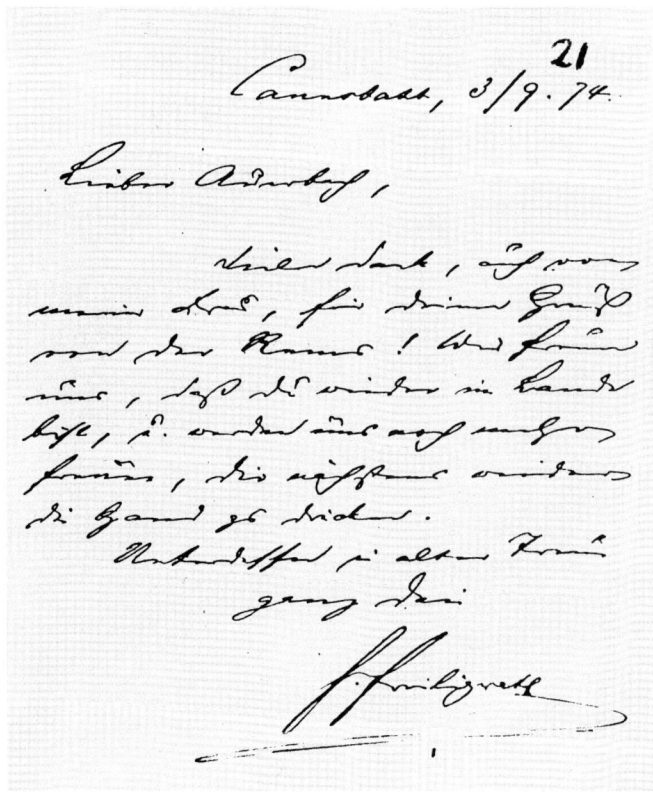

Cannstatt, 3.9.74
Lieber Auerbach,
Vielen Dank, auch von meiner Frau, für deinen Gruß von der Rems! Wir freuen uns, daß du wieder im Lande bist, und werden uns noch mehr freuen, dir nächstens wieder die Hand zu drücken.

Unterdessen in alter Treue
ganz dein
F. Freiligrath

Ferdinand Freiligrath in seinem Arbeitszimmer in Cannstatt, Neckartalstraße 73 (ehemaliges Gasthaus ›Zum alten Hasen‹), in der Nähe des Wilhelma-Theaters.

Der in Detmold geborene Freiligrath gehörte zu den bedeutendsten und gefeiertsten Oppositionsdichtern des Vormärz. Seine 1844 und 1846 erschienenen Gedichtbände, ›Glaubensbekenntnis‹ und ›Ca ira‹ erregten größtes Aufsehen. Nach dem Scheitern der Revolution von 1848 mußte er ins Exil nach London. Erst eine nationale Sammlung 1867 ermöglichte ihm die Rückkehr nach Deutschland. Im Herbst 1868 kam er nach Cannstatt, wo er zunächst im Hotel Hermann logierte, bevor er eine eigene Wohnung in der Nähe des Bahnhofs bezog. Von 1870 bis 1874 lebte Freiligrath in Stuttgart in der Ulrichstraße 9. 1874 ließ er sich erneut in Cannstatt, Neckartalstraße 73, nieder, wo er am 18.3.1876 starb. Seit seiner Rückkehr aus dem Exil hatte sich Freiligrath mit dem Bismarck-Reich ausgesöhnt. Aus dem einstigen Revolutionär war ein patriotischer Dichter geworden (›Hurra Germania, hurra du starkes Weib‹).

3 Hermann Hesse (1877–1962)

»Doch wozu von all dem Unsinn reden! Ich könnte ebenso gut die Käseläden und Fabriken von Cannstatt aufzählen«.

Brief von Hermann Hesse vom 15.1.1893 aus Cannstatt an seine Mutter. (Deutsches Literaturarchiv Marbach)

Von November 1892 bis Oktober 1893 war Hermann Hesse Schüler des Cannstatter Gymnasiums (des späteren Johannes-Kepler-Gymnasiums), um die mittlere Reife zu erwerben. Während dieser Zeit war er bei einem Lehrer seiner Schule, Präzeptor Ludwig Geiger, Brunnenstraße 55, in Pension, bewohnte aber ein eigenes Zimmer bei Frau Frieda Montigel, Wilhelmstraße 40 a. Obwohl er – wie bereits früher – auch in Cannstatt schwere seelische Krisen durchlebte (Selbstmordandrohungen), sich sehr viel in Wirtshäusern aufhielt und Schulden machte, war er doch in der Lage, sich auf die Prüfungen vorzubereiten und im Juli 1893 das Examen zu bestehen.

Pläne seiner Eltern, ihn auch in Cannstatt das Abitur machen zu lassen, scheiterten aber. Wenige Wochen nach Beginn des neuen Schuljahrs bat Hermann Hesse seine Eltern, ihn, wegen dauernder Kopfschmerzen, vom Gymnasium zu nehmen. Am 15. Oktober 1893 verließ er in Begleitung seiner Mutter, Cannstatt und beendete damit seine Schulkarriere.

Heute ist der Dichter Hermann Hesse der weltweit populärste Schriftsteller seiner Generation. Seine Bücher u. a. »Peter Camenzind«, »Unterm Rad«, »Demian«,

»Siddharta«, »Der Steppenwolf«, »Narziß und Goldmund« und »Das Glasperlenspiel«, für das er 1946 mit dem Nobelpreis für Literatur ausgezeichnet wurde, sind mittlerweile rund um den Globus in einer Auflage von über 70 Millionen verbreitet.

»Aber ich interessiere mich für nichts. Da schwatzt man Tag für Tag an mich hin, von Sprachen, Verfassungen, Kriegen, Völkern, Zahlen, Vermutungen, Forschungen, Kaisern, Kräften, Elektroskopen, und wie der Schund heißt – und ich höre zu; das Eine behalte ich, das Andre nicht und alles, alles ist mir einerlei: Ob diese lateinische Satzperiode klassisch ist oder nicht, ob dieser Funke negativ oder positiv ist, ob dieser Kirchenvater ein Römer oder ein andrer Esel gewesen, ist mir so ganz einerlei.«

Brief vom 20.1.1893 von Hermann Hesse aus Cannstatt an seine Mutter. (Deutsches Literaturarchiv Marbach)

Die Klasse VII des Gymnasiums in Cannstatt im Jahre 1893.
In der Mitte der letzten Reihe Hermann Hesse

4 Thaddäus Troll (1914–1980)

»Er hat niemandem Furcht eingeflößt«. Könnte man
diese üble Nachrede auch auf Thaddäus Troll anwenden,
wahrlich, er wäre postum mit seinem Leben zufrieden.
Thaddäus Troll, Nachruf zu Lebzeiten

Thaddäus Troll, dessen Elternhaus in der Marktstraße
stand, an der Stelle, wo sich heute der ›Kaufhof‹ befindet, gehört zu den bedeutendsten Cannstatter Persönlichkeiten. Sein 1967 erschienenes Buch ›Deutschland
deine Schwaben‹ machte ihn mit einem Schlag in aller
Munde berühmt und bekannt. Thaddäus Troll, der mit
richtigem Namen Dr. Hans Bayer hieß, war ein unge-
mein vielseitiger und fruchtbarer Schriftsteller. Er schrieb
zahlreiche Theaterkritiken, Essays, Satiren, Feuilletons,
Dialekt-Gedichte und bearbeitete Theaterwerke (z. B.
›Der Entaklemmer‹, eine schwäbische Version von Mo-
lières ›Der Geizige‹). Daneben gab es aber auch noch
den anderen Troll, den politischen Schriftsteller und en-
gagierten Demokraten, sehr zum Mißfallen mancher
Zeitgenossen und Leser. Und es gab auch einen Troll,
der sich tatkräftig für die sozialen Belange seiner Kolle-
gen einsetzte. Er war ein wichtiger Anreger, Helfer und
Vermittler, über den Günter Grass schreiben konnte:
»Er war immer so bescheiden, daß mir jetzt erst richtig
bewußt geworden ist, wie wichtig Thaddäus Troll für uns
alle war.«

Einladung auf honoratiorenschwäbisch

*Ha nei i bin doch ganz satt
i hab doch erscht geschtern
ebbes gessa.
ha nei i hab wirklich
kein durscht i hab doch erscht
heit morge kaffee tronka.*

*dees wär jetzt
wirklich net neetich.
etzt machet Sia sich
meinetwaga au no umschtänd.
i weiß gar net wie i mi
da rewaschiera soll.
dees isch mir aber jetzt
scho a rechte verlegaheit.
aber bitte bloß a
ganz kleis schtickle
hefekranz s isch
mr sonscht zviel.
aber bitte bloß a ganz
kleis schlickle kaffee
i kann sonscht net schlofa.*

ha – na bin i halt so frei!

Thaddäus Troll, O Heimatland, Verse in schwäbischer Mundart

Lieber Staat, ich bin viel zu wenig bösartig, als daß ich ein Anarchist werden könnte. Aber ich finde, unsere Beziehungen müßten sich ändern. Ich möchte Dir so gern liebenswürdigere Briefe schreiben. Doch solange Du der Ansicht bist, ich sei für Dich da und Du nicht für mich, und solange ich der konträren Auffassung bin, wird wohl nichts daraus. Einer von uns beiden muß seine Einstellung zum anderen ändern.

Der Bauer Barth hat gesagt, daß Du ein Rindvieh seist. Es ist schön, daß man die Meinung des Bauern Barth wieder in der Zeitung bringen darf. Aber noch schöner wäre es, wenn diese Meinung falsch wäre. Und so wünsche ich mir, daß an Deine Spitze, lieber Staat, Männer kommen, die gern eine Flasche Wein trinken, Zigarren rauchen und mit ihren Kindern spielen. Ich toleriere sogar, daß sie sich ab und zu ein halbes Pfund Kaffee schwarz kaufen und mit sehr hübschen Freundinnen ins Wochenende fahren. Aber, lieber Staat, sei dann bitte auch Du kulant und verlange von mir nicht, daß ich Dein Diener sei.

Mit vielen guten Wünschen zur Verbesserung unserer Beziehungen

*Dein
Thaddäus Troll*

Thaddäus Troll, Offener Brief an den Staat. 1947

XV Nachwort: Das Stadtmuseum von Bad Cannstatt

Am 16.12.1988 wurde das neue Stadtmuseum von Bad Cannstatt in der Klösterle-Scheuer eröffnet. Das hier vorliegende Buch, das alle Texte sowie einen Großteil der Abbildungen der Ausstellung enthält, stellt für den Besucher einen Museumsführer dar und vermittelt darüber hinaus dem interessierten Leser einen Streifzug durch 250000 Jahre Geschichte dieses historisch ältesten und größten Stadtteils von Stuttgart.

Die Geburtsstunde des neuen Stadtmuseums läßt sich auf das Jahr 1959 datieren. Damals wurde auf Initiative von Cannstatter Bürgern, vor allem des Heimatforschers Erwin Hageloh und des Kunstmalers Hermann Metzger, das Heimatmuseum Cannstatt gegründet. Der Standort Wilhelmstraße 7 – ehemalige Räume der Allgemeinen Ortskrankenkasse (AOK) – war zunächst als vorläufiges Provisorium gedacht, da Hoffnungen bestanden, längerfristig in das alte Rathaus umzuziehen, sobald ein neues Bezirks-Verwaltungsgebäude gebaut worden war. Diese Hoffnungen ließen sich aber nicht realisieren, so daß aus dem »Provisorium Heimatmuseum« eine Dauereinrichtung entstand, die eine Zeitung einmal euphorisch als »Bollwerk des lokalen Selbstgefühls« bezeichnete. Obwohl die Räumlichkeiten in der Wilhelmstraße 1976 neu renoviert worden waren, wurde die Suche nach einem anderen, attraktiveren und auch räumlich größeren Standort nie aufgegeben. Aber erst durch die Rettung und Instandsetzung des Klösterle in der Marktstraße 71 in den Jahren 1982 bis 1984 boten sich neue Perspektiven für eine Standortverlegung des Heimatmuseums.

Das Klösterle, ein gotischer Fachwerkbau aus dem Jahre 1463 war der ehemalige Kernbau einer Häusergruppe, zu der auch eine Scheuer gehörte. Diese war im 17. Jahrhundert anstelle eines älteren Wohngebäudes gebaut worden und hatte eine ursprüngliche Länge von 30 m bis fast zum Neckar hin. Im Jahre 1983 wurde die im zweiten Weltkrieg größtenteils zerstörte Scheuer abgetragen, weil sie dem Bau einer Tiefgarage im Wege stand. Die einzelnen Bauteile bewahrte man jedoch, genau erfaßt und numeriert, an einem städtischen Lagerplatz auf. Nach der Wiederherstellung des Klösterle – dem bislang ältesten bekannten Stuttgarter Wohnhaus – schien es zur Vervollständigung des Bauensembles sinnvoll, auch die alte Teil-Scheuer wiederaufzurichten und einer neuen Nutzung, nämlich als Standort des Stadtmuseums, zuzuführen. Zwischen 1987 und 1988 wurde das Aufbau-Puzzle durchgeführt, wobei alte und neue Bauelemente organisch zusammengesetzt wurden. Anfang Dezember 1988 konnte dann das vom Stadtarchiv neu konzipierte und jetzt sogenannte Stadtmuseum von Bad Cannstatt an diesen historischen Standort ziehen.

Daß sowohl das Klösterle als auch die Klösterle-Scheuer erhalten und einer sinnvollen Nutzung zugeführt werden konnten, ist hauptsächlich dem Verein »Pro Alt-Cannstatt« zu verdanken, der auch die Inneneinrichtung des neuen Stadtmuseums mit einem namhaften Betrag unterstützte.

Dank gilt auch den Textautoren Michael Bott, Dr. Rüdiger Krause und Dr. Eberhard Wagner.

Abbildungsnachweis

Joachim Schlenker, Stadtmessungsamt S. 10, 18, 20, 33

Landesdenkmalamt Stuttgart S. 13, 14, 17, 25, 27, 30, 31

Prof. Winfried Reiff, Stuttgart S. 18/19

Landesgirokasse Stuttgart (aus: Hansmartin Decker-Hauff, Geschichte der Stadt Stuttgart. Band 1. Stuttgart 1966) S. 23

Zeitschrift für Württembergische Landesgeschichte (20. Jahrgang 1961, S. 201) S. 36

Württembergische Landesbibliothek Stuttgart S. 40, 77

Deutsches Literaturarchiv Marbach S. 63, 91

Michael Bott, Bad Cannstatt S. 93

Stadtarchiv Calw S. 105

Privatbild S. 106

Kur- und Bäderamt S. 35

Die übrigen Vorlagen stammen aus dem Stadtarchiv Stuttgart